Andreas Demski, Grabau-Kultur-Stiftung Halle (Hrsg.)

Investitionsklima in der Ukraine 2008

Wissenschaftliche Schriftenreihe: Band 2

GRIN - Verlag für akademische Texte

Der GRIN Verlag mit Sitz in München und Ravensburg hat sich seit der Gründung im Jahr 1998 auf die Veröffentlichung akademischer Texte spezialisiert.

Die Verlagswebseite http://www.grin.com/ ist für Studenten, Hochschullehrer und andere Akademiker die ideale Plattform, ihre Fachaufsätze und Studien-, Seminar-, Diplom- oder Doktorarbeiten einem breiten Publikum zu präsentieren.

Dokument Nr. V113992 aus dem GRIN Verlagsprogramm

Andreas Demski, Grabau-Kultur-Stiftung Halle (Hrsg.)

Investitionsklima in der Ukraine 2008

Wissenschaftliche Schriftenreihe: Band 2

GRIN Verlag

Bibliografische Information Der Deutschen Bibliothek: Die Deutsche
Bibliothek verzeichnet diese Publikation in der Deutschen Nationalbibliografie;
detaillierte bibliografische Daten sind im Internet über http://dnb.ddb.de/
abrufbar.

1. Auflage 2008
Copyright © 2008 GRIN Verlag
http://www.grin.com/
Druck und Bindung: Books on Demand GmbH, Norderstedt Germany
ISBN 978-3-640-17817-9

Vorwort

Die vorliegende Studie erscheint als Band 2 der von der Grabau-Stiftung herausgegebenen neuen wissenschaftlichen Schriftenreihe. Herr Dipl.Betriebswirt Andreas Demksi gibt in ihr einen aktuellen Überblick über die wirtschaftliche Situation der Ukraine und vertieft dabei eine Vielzahl von wirtschaftlichen und landeskundlichen Fragestellungen, die gerade bei einer Investitionsentscheidung für die Ukraine von großer Bedeutung sind. Zudem sind eine Vielzahl von aktuellen ukrainischen und russischen Quellen, Statistiken und Diagrammen aus dem Lande selbst eingearbeitet.

Wir hoffen auf weite Verbreitung dieser Studie, zum praktischen Nutzen für deutsche Entscheidungsträger.

Halle, im September 2008

Prof. Dr. Fritz-René Grabau

Schriftenreihe der Fritz & Renate Grabau Stiftung

Die Fritz und Renate Grabau Stiftung dient der Förderung von Wissenschaft, Forschung und Bildung, Kunst und Kultur sowie der Völkerverständigung. Die Förderung erfolgt durch die Pflege der internationalen und wissenschaftlichen Zusammenarbeit und die Vermittlung eines umfassenden Deutschlandbildes durch Informationen und Veranstaltungen über das kulturelle, wissenschaftliche, gesellschaftliche und politische Leben. Die Förderung richtet sich vorwiegend an den kulturellen und wissenschaftlichen Nachwuchs der als Multiplikator auf allen gesellschaftlichen Ebenen dem Satzungszweck dienlich sein kann.

Die Stiftung fördert im Rahmen ihrer satzungsmäßigen Ziele, ihrer Förderrichtlinien und ihrer finanziellen Möglichkeiten Internationale Projekte von Einzelpersonen, Instituten / Initiativen und gemeinnützigen Vereinen, die der Förderung von Wissenschaft, Forschung und Bildung, der Förderung von Kunst und Kultur sowie der Völkerverständigung dienen.

Zusammen mit dem GRIN Verlag gibt die Grabau Stiftung die vorliegende Schriftenreihe heraus. Diese greift aktuelle und grundlegende Themen auf und legt sie in vertiefender und zugleich allgemein verständlicher Form dar. Sie leistet damit Beiträge zur Diskussion von politischen und sozialen, wirtschaftlichen und kulturellen Grundsatzfragen.

Redaktion der Schriftenreihe
Prof. Dr. Irina Hundt
Maybachstr. 1
06112 Halle/Saale

Investitionsklima in der Ukraine 2008

Inhaltsverzeichnis

Abbildungsverzeichnis II
Tabellenverzeichnis III
Abkürzungsverzeichnis IV

1 Einleitung 9
2 Der Wirtschaftsstandort Ukraine 12
   2.1 Daten und Fakten 17
   2.2 Die Ukraine – ein Teil von Westeuropa? - Politische Fragezeichen 26
   2.3 Vergleich der Regionen 33
3 Standortspezifische Probleme und Anforderungen bei der Bearbeitung des ukrainischen Marktes 38
   3.1 Rechts- und Steuerfragen, Rechnungslegung 39
      3.1.1 Gründung 39
      3.1.2 Steuerrecht 50
      3.1.3 Arbeitsrecht 61
      3.1.4 Rechnungslegung 64
   3.2 Zoll 68
   3.3 Logistik 75
   3.4 Korruption 77
   3.5 Interkulturelles Management 81
      3.5.1 Personalgewinnung 84
      3.5.2 Kundengewinnung 89

4 Zusammenfassung 92
Anhangsverzeichnis VII
Anhang VIII
Literaturverzeichnis XIII

Abbildungsverzeichnis

Bild 1.1: Büroflächenvergleich in Mio. m² 10
Bild 2.1: Dislozierung der Ukraine in Europa 12
Bild 2.2: Anteil der Ukraine am Transit für russisches Erdgas 2005 13
Bild 2.3: Sprachverteilung in der Ukraine 14
Bild 2.4: Wechselkursverhältnisse 15
Bild 2.5: BIP-Entwicklung der Ukraine in % 20
Bild 2.6: Lieferpreise Gazprom für 1000m³ in US$ 21
Bild 2.7: Preisentwicklung der Gasimporte in US$ pro 1000 m³ 22
Bild 2.8: Vergleich der Gaspreise in US$ pro 1000 m³ 23
Bild 2.9: Kursentwicklung des PFTS 2002-2008 24
Bild 2.10: Haltung der EU-Bevölkerung zum EU-Beitritt der Ukraine 30
Bild 2.11: Regionale Einteilung der Ukraine 33
Bild 2.12: Industrieproduktion nach Regionen 35
Bild 3.1: Arbeitslosenquoten in % 85

Tabellenverzeichnis

Tabelle 2.1:	Großstädte der Ukraine	16
Tabelle 3.1:	Gesellschaftsformen in der Ukraine	39
Tabelle 3.2:	Übersicht der wichtigsten Steuerarten	50
Tabelle 3.3:	Abschreibungssätze	66
Tabelle 3.4:	Zollabfertigungsgebühren	69
Tabelle 3.5:	Korruptionspreisliste unter Präsident Kutschma	77
Tabelle 3.6:	aktuelle "Bestechungstarife"	78
Tabelle 3.7:	Zeitauffassungen	83

Abkürzungsverzeichnis

Abs	Absatz
AG	Aktiengesellschaft
Art	Artikel
BGBl	Bundesgesetzblatt
BIP	Bruttoinlandsprodukt
BStBl	Bundessteuerblatt
bzw	beziehungsweise
ca	cirka
CMR	Internationale Vereinbarung über Beförderungsverträge auf Straßen (CMR – aus dem französischen: Convention relative au contract de transport international de marchandises par route)
DAAD	Deutscher Akademischer Austauschdienst e.V.
DBA	Doppelbesteuerungsabkommen
DDP	Delivered Duty Paid – frei verzollt (Incoterms)
dt	deutsch
EU	Europäische Union
ENP	Europäische Nachbarschaftspolitik
EStG	Einkommensteuergesetz
EstG UA	Einkommensteuergesetz der Ukraine
et al	et alii – und andere
etc	und so weiter (von lat.: et cetera – und die übrigen)
EuGH	Europäischer Gerichtshof
EXW	Ex Works – ab Werk (Incoterms)
f	folgende (Seite)
ff	fortfolgende (Seiten)
gem	gemäß
GmbH	Gesellschaft mit beschränkter Haftung
ha	Hektar

Abkürzungsverzeichnis

HR	Human Ressources
IHK	Industrie- und Handelskammer
ILO	International Labour Organization – Internationale Arbeitsorganisation
Incoterms	International commercial terms – Internationale Handelsklauseln
InvG	Gesetz über Investitionstätigkeit
kg	Kilogramm
KZpP	Kodex der Gesetze über die Arbeit
Lkw	Lastkraftwagen
Ltd	Limited (englische Kapitalgesellschaft mit beschränkter Haftung)
Mrd	Milliarden
Mio	Millionen
MwStG	Mehrwertsteuergesetz
Nr	Nummer
OECD	Organization for Economic Co-operation and Development – Organisation für wirtschaftliche Zusammenarbeit und Entwicklung
PFTS	Leitindex der ukrainischen Börse
PVC	Polyvinylchlorid
StaatsRegG	Gesetz über die staatliche Registrierung von juristischen Personen und Privatunternehmern
S	Seite
t	Tonne
TOV	Gesellschaft mit beschränkter Haftung in der Ukraine
u a	unter anderem
UA	Ukraine
UAH	ukrainische Währung Griwna
UkrSSR	Ukrainische Sozialistische Sowjetrepublik
UntGewG	Gesetz über die Besteuerung der Unternehmensgewinne
US$	amerikanische Währung US-Dollar
UTC	Coordinated Universal Time – koordinierte Weltzeit

Abkürzungsverzeichnis

usw	und so weiter
VAT	Offene Aktiengesellschaft in der Ukraine
Vgl	Vergleich
WGB	Wirtschaftsgesetzbuch
WiGG	Gesetz über die Wirtschaftsgesellschaften
WTO	World Trade Organization - Welthandelsorganisation
ZAT	Geschlossene Aktiengesellschaft in der Ukraine
z B	zum Beispiel
ZGB	Zivilgesetzbuch
Ziff	Ziffer

1 Einleitung

Unter den aufstrebenden Ländern Osteuropas ist die Ukraine – nach Russland - das Land mit der größten Dynamik und mit den höchsten Zuwachsraten bei der Wirtschaftsentwicklung. Die Ukraine ist ein Land mit günstigen Produktionsmöglichkeiten und einem Absatzmarkt mit 46,6 Millionen Verbrauchern, die durch stark gestiegene Einkommen an Kaufkraft gewonnen haben. Diese beiden Faktoren machen die Ukraine zu einem sehr interessanten Standort und Markt für deutsche Unternehmen, sei es zum Aufbau einer Produktion oder für den Verkauf eigener Produkte, wobei der Absatz der eigenen Produkte für den Großteil der Unternehmen der Hauptgrund für ein Engagement in der Ukraine ist, wie eine Untersuchung der *Interconnection Consulting* ergab.

Aufgrund der enormen wirtschaftlichen Dynamik und des großen Marktpotentials kommt der Ukraine eine Sonderstellung unter den osteuropäischen Ländern zu. Das Wirtschaftswachstum der letzten Jahre und die Orientierung des Landes nach Westeuropa seit der Orangenen Revolution machen das Land für ausländische Investoren und Produzenten interessant. Die Bedeutung der Ukraine, insbesondere auch für Deutschland, wird offensichtlich, wenn man die Außenhandelsbilanz der Ukraine analysiert. Im Jahr 2006 gingen 3,4% aller Exporte nach Deutschland (Platz 4) und 9,7% aller Importe kamen aus Deutschland (Platz 2).[1] Auch in den Direktinvestitionen in die Ukraine spiegelt sich die Dynamik der Wirtschaft wider. Von Januar 2001 bis Januar 2007 stiegen die ausländischen Direktinvestitionen um 460% und betrugen zu diesem Zeitpunkt 21,2 Mrd. US$. Mit einem Anteil von 26,5% an den gesamten Investitionen ist Deutschland der mit Abstand größte Investor.[2] Der Bausektor ist der Wirtschaftssektor, mit der größten Zuwachsrate von derzeit 26%.[3] Die gestiegenen Einkommen[4] und das allgemeine

Wirtschaftswachstum führen zu einem Boom beim privaten und kommunalen Wohnungsbau, großer Nachfrage nach Büroflächen und somit Bürogebäuden sowie einem hohen Bedarf an energetischer Sanierung des Altbestandes. Dabei entfallen 50% der Gesamtinvestitionen im Bausektor auf den Wohnungsbau und 40% auf Gewerbeimmobilien. In den Ballungszentren kann der ständig steigende Bedarf weder bei Wohnungen noch bei Büros gedeckt werden. Das starke Wirtschaftswachstum erfordert immer mehr Büroflächen. Das Potential wird deutlich, wenn man die Situation bei Büroflächen in Kiew mit anderen osteuropäischen Metropolen vergleicht. Anfang 2007[5] kam Kiew auf 0,6 Mio. m² Bürofläche, Prag auf 1,9 Mio. m², Budapest auf 1,2 Mio. m² und Warschau auf 1,4 Mio. m². Dieser Aspekt wird in Bild 1.1 grafisch dargestellt.[6]

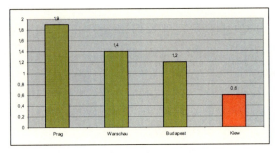

Bild 1.1: Büroflächenvergleich in Mio. m²

Der Weg in die Ukraine ist jedoch kein einfacher und der Schritt für deutsche Unternehmen nicht ohne Risiko. Lücken und Unzulänglichkeiten in der Gesetzgebung, ein undurchsichtiges Steuersystem und häufige Probleme mit der örtlichen Verwaltung stellen die größten Hindernisse für ausländische Investoren dar.

---

[1] Vgl. http://www.economist.com/countries/Ukraine/profile.cfm?folder=Profile-Economic%20Structure am 05.12.07
[2] Daten vom Büro des Wirtschaftsberaters der Botschaft der Ukraine, Publikation Ausländische Direktinvestitionen 2007 unter www.beratung-ukraine.de
[3] Business Inform Ukraine, Investitionsführer Ukraine 2007, S. 13
[4] Die gestiegene Kaufkraft der Bevölkerung wird auch an der Steigerung der Einzelhandelsumsätze von durchschnittlich 20 % in den letzten 5 Jahren deutlich. Vgl.: Invest Ukraine unter www.investukraine.org; Zugriffsdatum: 24.10.2007
[5] Ende 2007 lag der Bestand bei 0,85 Mio. m²
[6] Vgl. Ost-West Contact Ukraine 2007 S. 20

Die besonderen Gegebenheiten und Anforderungen einer Investition in der Ukraine mit besonderem Augenmerk auf den Problemen, die im Zusammenhang mit geschäftlichen Aktivitäten ausländischer Unternehmen in der Ukraine auftreten können sowie praktische Strategien zur Vermeidung von Fehlern sollen im Folgenden aufgezeigt werden.

Nach Darstellungen zur wirtschaftlichen und politischen Entwicklung der Ukraine werden die einzelnen Regionen der Ukraine verglichen und beurteilt. In Kapitel 3 werden standortspezifische Probleme und Anforderungen bei der Marktbearbeitung in der Ukraine behandelt. Hier wird auf steuer-, zoll- und arbeitsrechtliche, buchhalterische und logistische Fragen, auf Besonderheiten bei der Unternehmensgründung, Personal- und Kundengewinnung sowie auf Probleme mit Korruption eingegangen.

2 Der Wirtschaftsstandort Ukraine

Bild 2.1: Dislozierung der Ukraine in Europa[7]

Das Gründungsmitglied der Vereinten Nationen und mit 603.700 km², nach Russland, zweitgrößte Land Europas liegt im Süden Osteuropas am Schwarzen Meer und hat 46,615 Mio. Einwohner.[8] Davon sind 78% Ukrainer, 17% Russen, 0,6% Weißrussen, 0,5% Krimtartaren und 0,07% Deutsche. Insgesamt beheimatet die Ukraine über 100 Nationalitäten.[9]

Die Ukraine grenzt an Russland, Weißrussland, die Republik Moldau, Rumänien, Ungarn, die Slowakei und Polen sowie an das Asowsche und das Schwarze Meer. Ukraine (u kraja – am Rande) bedeutet Grenzland. Dieser Begriff bezeichnet seit dem Mittelalter die Grenzregion zwischen der islamischen und der orthodoxen

---

[7] Grafik entnommen unter http://commons.wikimedia.org/wiki/Image:Europe_location_UKR.png, erstellt von David Liuzzo
[8] Stand Januar 2007
[9] Gem. der Volkszählung des Jahres 2001 (geschätzter Bevölkerungsrückgang: 271.000 Einwohner pro Jahr).

Welt.[10] Die Ukraine hat damit eine geopolitisch bedeutende Lage innerhalb Europas. Die Ukraine ist sowohl in Ost-West- als auch in Nord-Südrichtung ein wichtiges Transitland. In Nord-Süd-Richtung verbindet die Ukraine Russland über Straße oder Schiene und das Schwarze Meer mit der Türkei, Bulgarien und Georgien. Der Dnepr ist eine Wasserstraßenverbindung mit Weißrussland und die Donau mit Österreich und Deutschland. Von Osten nach Westen stellt der Weg durch die Ukraine die kürzeste Verbindung zwischen Westeuropa und Russland bzw. Asien dar. Über das Territorium der Ukraine verlaufen die drei Gaspipelines Bruderschaft (130 Mrd. m³ pro Jahr), Polarlicht (25 Mrd. m³ pro Jahr) und Transbalkan (20 Mrd. m³ pro Jahr), die russisches Gas nach Mitteleuropa bzw. zum Balkan transportieren. Die große Bedeutung der Ukraine als Gastransitland wird in Bild 2.2 deutlich. Auch nach der Inbetriebnahme der Ostseepipeline wird der Anteil der Ukraine am russischen Gastransit 65,54 % betragen.

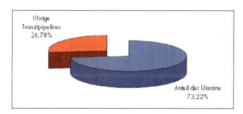

Bild 2.2: *Anteil der Ukraine am Transit für russisches Erdgas 2005* [11]

Die Amtssprache ist Ukrainisch, jedoch wird in weiten Teilen des Landes russisch gesprochen. Viele Intellektuelle und Politiker sind besorgt darüber, dass Russisch die meistgesprochene Sprache ist und befürchten eine Verdrängung des Ukrainischen. Unter anderen Maßnahmen wurde deshalb am 19.04.2004 eine Regelung erlassen, die es landesweit ausstrahlenden Fernseh- und Radiosendern bis auf wenige Ausnahmen vorschreibt nur auf ukrainisch zu senden.[12] Allerdings fehlen die staatlichen Kontrollgremien, um diese Regelung zu überprüfen und so

---

[10] Scheer, Serdyuk, Kulturschock Ukraine, 2007, S. 13
[11] Bild und Daten von der Forschungsstelle Osteuropa unter www.laender-analysen.de; Zugriffsdatum: 19.03.2008
[12] Vgl.: http://www.netzeitung.de/medien/282207.html; Zugriffsdatum : 14.01.2008

ist auch diese Regelung praktisch nur auf dem Papier existent.[13] Besonders in der Süd- und Ostukraine bemüht man sich um die Anerkennung der russischen Sprache als zweite Amtssprache. Nach einer Studie des Kiewer Internationalen Soziologischen Instituts und des Soziologischen Dienstes des ukrainischen Alexander-Rasumkow-Zentrums[14] für Wirtschafts- und politische Studien sind 56,2% der Ukrainer für diese Regelung, 7,5% unschlüssig und nur 35,9% dagegen.[15] In den jüngsten Verhandlungen um die Regierungsbeteiligung ist die Partei der Regionen laut Wasyl Chara (Mitglied des politischen Rates der Partei der Regionen) allerdings bereit auf ein entsprechendes Referendum zu verzichten.[16]

Bild 2.3: Sprachverteilung in der Ukraine[17]

Für Investoren bedeutet dies, dass für den täglichen Geschäftsbetrieb Kenntnisse der russischen Sprache ausreichen, für die Bewältigung der bürokratischen Formalitäten allerdings ein Mindestmaß ukrainischer Sprachkenntnisse erforderlich ist.

---

[13] Vgl. Scheer, Serdyuk (2007) S. 169
[14] Benannt nach dem ukr. Politiker und Diplomaten Alexander Rasumkow; gest. 29.10.1999.
[15] Vgl. http://russlandonline.ru/kulturua/morenews.php?iditem=1 vom 06.11.2007
[16] Vgl. http://www.nrcu.gov.ua/index.php?id=475&listid=53675 vom 06.11.2007.
[17] Die in der Grafik der Umfrageergebnisse angegebene Sprache Surschik ist eine Mischsprache aus russischen und ukrainischen Elementen, die sich im Laufe der Zeit entwickelt hat. Grafik entnommen unter:
http://ru.wikipedia.org/wiki/%D0%98%D0%B7%D0%BE%D0%B1%D1%80%D0%B0%D0%B6%D0%B5%D0%BD%D0%B8%D0%B5:Languages_in_Ukraine.PNG,

Politisch gliedert sich die Ukraine in 24 Bezirke, die autonome Republik Krim und die Städte Kiew und Sewastopol. Die größten Städte sind in Tabelle 2.1 aufgelistet. In der Ukraine gilt die osteuropäische Zeit, das heißt UTC-Weltzeit + 2 Stunden. Die ukrainische Griwna, die 1996 eingeführt wurde, ist die Landeswährung, deren Wechselkurs zum Euro bei 1 Euro = 7,85613 Griwna (Stand 25.03.2008) liegt. Hier muss erwähnt werden, dass die ukrainische Griwna an den US-Dollar gekoppelt ist. Somit entwickelt sich der Wechselkurs der ukrainischen Griwna zum Euro parallel zum Euro-Dollar-Kurs.

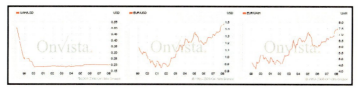

Bild 2.4: Wechselkursverhältnisse[18]

Für die Einreise in die Ukraine braucht man seit dem 01.09.2005 als Bürger der EU, Liechtensteins und der Schweiz, kein Visum[19] mehr, an der Grenze ist jedoch die Immigration Card ausgefüllt vorzulegen.[20] Außerdem zu beachten ist, dass für die Ukraine nach dem Beschluss der Regierung Nr. 1021 vom 17.09.1997 eine anerkannte Krankenversicherung obligatorisch ist. Die Liste mit den von der Ukraine anerkannten deutschen Versicherungspolicen findet man auf der Internetseite der Botschaft der Ukraine.

---

[18] Vgl.: Onvista unter: www.onvista.de; Zugriffsdatum: 25.03.2008
[19] gilt für einen Aufenthalt bis zu 90 Tagen, gem. Präsidentenerlass Nr. 1131/2005
[20] Man kann die Immigration Card auch vor der Reise ausfüllen. Ausdruck des leeren Formulars ist im Internet unter http://www.ukraina.at/neues/immigrationskarte.html möglich. Hierbei ist jedoch zu beachten, dass der Ausdruck die Maße des Originalformulars (Originalgröße: B 103mm H 147mm) hat. Eine Ausfüllanleitung befindet sich im Anhang.

Tabelle 2.1: Großstädte der Ukraine[21]

Stadt	Einwohner
Kiew	2.500.000
Charkov	1.431.000
Dnepropetrovsk	1.033.000
Odessa	1.002.000
Donezk	987.000
Saporoshje	796.000
Lemberg	718.000
Krivoi Rog	652.000
Mykolaev	511.000
Mariupol	482.000
Lugansk	452.000

---

[21] Daten zu Einwohnerzahlen sind eine Schätzung des Staatskommitees der Ukraine für Statistik zum 01.01.2006, aus Country Report Ukraine Mai 2007 von Coface Austria Coface Central Europe unter http://www.ihk-regensburg.de/ihk-r/autoupload/officefiles/Ukraine.pdf

2.1 Daten und Fakten

Über 40 % der weltweiten Kohle- und Manganvorkommen finden sich in der Ukraine. Sie verfügt über ein Drittel des weltweiten Anteils an Schwarzerde, betreibt auf 56 % der Fläche Landwirtschaft, belegt aber gleichzeitig Platz 6 bei der Montanindustrie und laut BrainBench Platz 4 für zertifizierte IT-Fachkräfte.[22] Die Ukraine ist nach Russland die stärkste Wirtschaftsregion der ehemaligen Sowjetunion (BIP 2006 106,1 Mrd. US$). Seit der Orangenen Revolution und durch das enorme Wirtschaftswachstum ist die Ukraine für viele ausländische Investoren interessant geworden[23]; sei es für die Nutzung der billigeren Arbeitskräfte, für arbeitsintensive Produktionsschritte oder die Bearbeitung des Binnenmarktes mit seinen mehr als 46 Millionen Verbrauchern. Das war jedoch nicht immer so. Schon Mitte des 19. Jahrhunderts zeigte sich ein großer Gegensatz zwischen dem östlichen und westlichen Landesteil. Der reich mit Bodenschätzen ausgestattete Osten wurde auf Betreiben der zaristischen Regierung industrialisiert, während sich im landwirtschaftlich geprägten Westen nach Abschaffung der Leibeigenschaft 1861 eine bäuerliche Privatwirtschaft entwickelte.[24]

Schon Anfang des 20. Jh. hatte die Ukraine, nach Russland, die zweithöchste Pro-Kopf-Industrieproduktion aller Sowjetrepubliken.[25] Die Gründung der Sowjetunion 1922 brachte dem Osten die vollständige Zwangsindustrialisierung und dem Westen die Zwangskollektivierung der Landwirtschaft. Die Zwangsindustrialisierung erfolgte dazu noch einseitig auf Schwer- und Rüstungsindustrie sowie den Maschinenbau. Besonders im Osten der Ukraine gab es eine Überindustrialisierung. Die Etablierung einer verarbeitenden oder Konsumgüterindustrie wurde verhindert, um die Abhängigkeit der Sowjetrepubliken untereinander zu erhöhen. Damit waren sie gezwungen, sich zu

---

[22] Vgl.: Invest Ukraine unter www.investukraine.org; Zugriffsdatum: 24.10.2007
[23] Vgl.: Broll, Förster (2007) S. 49-59
[24] Vgl. Kudert (2006) S. 5
[25] Vgl. Babanin, Dubrovskiy, Ivaschenko (2001) S. 9

integrieren und sich Moskau unterzuordnen. Mit der Unabhängigkeit[26] im Jahr 1991 sah sich die Wirtschaft der Ukraine mit einer einseitig auf Schwerindustrie konzentrierten Wirtschaft und veralteter Technologie konfrontiert. Die vorher meist für die Sowjetunion hergestellten Güter entsprachen nicht den internationalen Standards. Es wird geschätzt, dass nur 26,3 % der im Jahr 1991 produzierten Güter, international wettbewerbsfähig waren.[27]

Zusätzlich hatte die Ukraine mit einer Hyperinflation von November 1992 bis Dezember 1993 zu kämpfen. In diesem Zeitraum erhöhten sich die Preise um den Faktor 167. Neben dem Fehlen eines funktionierenden Kapitalmarktes war der Fakt, dass das Steuersystem keine zusätzlichen Einnahmen mehr generieren konnte, weil die Steuerbemessungsgrundlage schneller sank als die Steuersätze steigen konnten, einer der Hauptgründe. Das für das Jahr 1992 geplante Haushaltsdefizit von 2 %, wuchs in der Realität auf 32,1 % an, obwohl der Lohnsteuersatz bis zu 90 % betrug.[28]

Zur Abmilderung der Einbußen bei den Einkommen bildete sich besonders in ländlichen Gebieten eine Subsistenzwirtschaft, in der Haushalte ihre Versorgung mit Lebensmitteln sicherten und zusätzlich Tauschgüter erwirtschafteten. Noch heute halten die meisten Familien einige Hühner und Schweine und betreiben den Anbau von Grundnahrungsmitteln auf einer Fläche von jeweils ca. 0,5 ha. Welche Bedeutung diese Subsistenzwirtschaft hat, zeigt sich z.B. in der Tatsache, dass 98 % der Kartoffelproduktion des Jahres 2003 aus Haushaltsgärten stammten. Auch das starke Wirtschaftswachstum der letzten Jahre hat kaum etwas an diesem Umstand geändert. 71 bis 77 % aller Haushalte nutzen weiterhin ihre Grundstücke zur landwirtschaftlichen Produktion. Sogar in Kiew nutzt jeder dritte Haushalt Landflächen, die zu 92 % der landwirtschaftlichen Produktion dienen.[29] Diese Subsistenzwirtschaft ist nach *Danzer* in allen Transformationsökonomien

---

[26] Ausführlich zur politischen Entwicklung bis zur Unabhängigkeit z.B. bei Golczewski (1993) oder Hausmann (1993)
[27] Vgl. Babanin, Dubrovskiy, Ivaschenko (2001) S. 38
[28] Vgl.: Banaian (1999) S. 28-55
[29] Die restlichen 8 % dienen Erholungszwecken.

Osteuropas anzutreffen, meist jedoch nicht so ausgeprägt wie in der Ukraine.[30]

Da die alten Machthaber ihren Einfluss auf die Wirtschaft nicht aufgeben wollten, wurden wichtige Umstrukturierungen und vor allem Privatisierungen behindert bzw. auch verhindert. Zwar wurde 1992 das Antimonopolgesetz verabschiedet, aber dieses Gesetz hatte nur wenig Kraft und es wurden vor allem Kleinstbetriebe privatisiert.[31] Noch bis zum Jahr 1999 wurden 90 % der Produktionsleistung von staatlichen Monopolen erwirtschaftet. Im Jahr 1999 sank die Wirtschaftsleistung der Ukraine auf 40% des Niveaus vor der Unabhängigkeit. Dies zeigte sich auch in der negativen Entwicklung des BIP bis 1999, welches bereits im Jahr der Unabhängigkeit minus 8,7% betrug und 1994 mit minus 23% seinen niedrigsten Stand erreichte.[32]

Die Transformationskrise zwischen der Unabhängigkeit der Ukraine und dem Jahr 1999 wurde in den folgenden Jahren jedoch überwunden. Von 2000 bis 2006 stieg das BIP durchschnittlich um 7,4 %. Die größten Wachstumsfaktoren sind die Metallurgie (24,4%), der Maschinenbau (12,9%), die Nahrungsmittelindustrie (14,8%) und das Baugewerbe (26%)[33]. Wenn man die Zahl der Insolvenzen als Indikator für die wirtschaftliche Entwicklung heranziehen möchte, zeigt sich auch hier eine positive Entwicklung. Von den 10616 berichtenden Offenen Aktiengesellschaften wurde von 2000 bis 2005 gegen 1741 ein Insolvenzverfahren eröffnet. Von diesen wurden 908 tatsächlich zwangsliquidiert. Deutlich wird der Rückgang der Insolvenzverfahren von 506 in 2002, über 480 bzw. 407 in 2002 und 2003 bis auf 272 im Jahr 2005. Bei dieser Untersuchung wurden auch handelsrechtlich nicht berichtende offene AGs betrachtet.[34]

---

[30] Vgl.: Danzer (2007) S. 91-96
[31] Vgl.: Banaian (1999) S. 25
[32] Vgl. Thießen (2000) S. 7
[33] Alle Wachstumsdaten beziehen sich auf 2006
[34] Vgl.: Perederiy (2006) S. 7 ff.

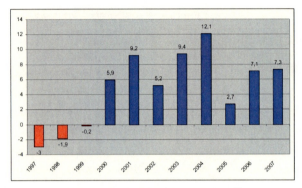

Bild 2.5: BIP-Entwicklung der Ukraine in %[35]

Die Prognosen des Wirtschaftsministeriums der Ukraine für das Jahr 2008 ergaben:
- bei positiver Entwicklung

    - BIP-Wachstum: 7,2%

    - Produktionswachstum: 9,0%

    - Wachstum der realen Löhne: 14,3%

    - Wachstum der Ausfuhren: 16,5%

    - Wachstum der Einfuhren: 15,4%

    - Verbraucherpreise: 6,8%

- bei negativer Entwicklung

    - BIP-Wachstum: 4,8%

    - Produktionswachstum: 6,4%

    - Verbraucherpreise: 8,7%

Diese vom damaligen Wirtschaftsminister der Ukraine, Anatolij Kinach, auf dem Wirtschaftstag der Ukraine am 08.11.2007 in der IHK Magdeburg präsentierten Zahlen, erscheinen gerade bei der Negativprognose sehr optimistisch. So stiegen z.B. die Verbraucherpreise im Jahr 2007 um 16,6% und die Weltbank erwartet für

---

[35] Selbst erstellt. Daten von: Büro des Wirtschaftsberaters der Botschaft der Ukraine in der Bundesrepublik Deutschland

2008 eine Steigerung von bis zu 13,8%. Abgesehen von diesen Übertreibungen ist die Tendenz jedoch ohne Zweifel positiv.

Ein wichtiger Faktor für Investitionen in eine Region ist die Kaufkraft. In den letzten 5 Jahren stiegen die Einnahmen der Bevölkerung um mehr als das Dreifache. Hierbei ist zu beachten, dass dies nur die offiziellen Zahlen, ohne Berücksichtigung der „schwarzen" Zahlungen zur Umgehung der Steuer sind. Außerdem ist der Lohnanstieg in der jüngsten Vergangenheit besonders stark und gewinnt an Dynamik.[36] Weitere Punkte, die für ein Engagement in der Ukraine sprechen, sind die im internationalen Vergleich geringen Lohnkosten[37], der riesige Absatzmarkt von 46,615 Mio. Menschen, die gute Qualifikation der Arbeitskräfte, die räumliche Nähe zu Deutschland und die zahlreichen Rohstoffvorkommen. Dem stehen allerdings politische Instabilität, eine schwerfällige Bürokratie, Korruption und Rechtsunsicherheit gegenüber.

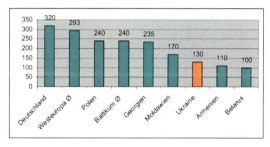

Bild 2.6: Lieferpreise Gazprom für 1000m³ in US$

Ein großes Problem ist der sich erst langsam entwickelnde Binnenmarkt. Erfolgreich durchgeführte Privatisierungen und Steuerreformen trugen ihren Teil bei, aber für das beschriebene hohe Wirtschaftswachstum seit dem Jahr 2000 sind zu einem beachtlichen Teil externe Umstände verantwortlich. Stahl hat einen Anteil von 40% an den ukrainischen Exporten.[38] So profitierte die Ukraine einerseits von den stark gestiegenen Stahlpreisen auf dem Weltmarkt, die sich allein von 2002 bis 2004 verdreifachten. Andererseits kommen die immer noch

---

[36] Vgl. Investitionsführer 2007 Arbeitsgemeinschaft Business-Inform-Ukraine S. 18
[37] Grafik mit einem internationalen Lohnkostenvergleich im Anhang.
[38] Vgl.: Schwabe, Deuber (2008) S. 2

weit unter Weltmarktniveau liegenden Energiepreise für die Öl- und Gasimporte aus Russland vor allem der energieintensiven Schwerindustrie im Osten der Ukraine zugute.

Die Abwertung der Griwna im Zuge der russischen Finanzkrise 1998/99 erhöhte zwar die Inflation, machte aber auch viele ukrainische Unternehmen konkurrenzfähig und ihre Produkte für den Weltmarkt attraktiv. All diese Faktoren bewirkten, dass die Nachfrage nach privaten Konsum- und Investitionsgütern seit dem Jahr 2000 um jährlich 10,9 bis 11,9 % anstieg.[39] Zudem war das freundliche internationale Kapitalmarktumfeld förderlich. Ukrainische Banken und Unternehmen konnten Kapital zu günstigen Konditionen aufnehmen, um Investitionen zu finanzieren bzw. die Kreditvergabe in der Ukraine auszubauen.

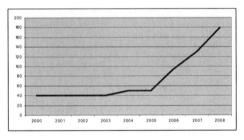

Bild 2.7: Preisentwicklung der Gasimporte in US$ pro 1000 m³

Die größte Gefahr für die ukrainische Wirtschaft geht von einer möglichen Verschärfung des Handelsbilanzdefizits aus. Dieses Szenario könnte eintreten, wenn die Gas- und Ölimportpreise weiter steigen und gleichzeitig die Weltmarktpreise für Stahl sinken. Nach *Coface Austria und Coface Central Europe*[40] könnte dies eine massive Abwertung der Griwna erfordern, und damit die ohnehin hohe Inflation weiter anheizen. Außerdem könnte sich das internationale Kapitalmarktumfeld weiter negativ entwickeln, was auch erhebliche

---

[39] Schwabe, Deuber (2008) S. 2
[40] Vgl.: Coface Austria, Coface Central Europe "Country Report Ukraine" (2007) S. 5 unter www.ihk-regensburg.de; Zugriffsdatum: 14.01.2008

Folgen für den ukrainischen Kapitalmarkt hätte. Dass die Importpreise für russisches Gas steigen, ist spätestens seit den Presseberichten über den Gasstreit zwischen Russland und der Ukraine bekannt. Wie in Bild 2.7 zu sehen ist, steigen die Preise schon seit 2003.

Nach dem zweiten „Gasstreit" Anfang 2008 erreichte Viktor Juschtschenko in Verhandlungen mit Wladimir Putin am 12.02.2008 eine Einigung, mit der nun 179,50 US$ pro 1000 m³ für das Jahr 2008 festgelegt wurden. Im Vergleich zu 2007 sind die Gaspreise zwar auch in Russland um 25 % gestiegen, mit ca. 72 $ für Industrie- und ca. 55 $ für Privatkunden sind sie aber vergleichsweise billig.[41] Für die folgenden Jahre wurde von russischer Seite bereits eine weitere schrittweise Anpassung an Weltmarktpreise angekündigt. Mit dem Gas verbinden sich für die ukrainische Volkswirtschaft außer dem noch weiter erhöhten Inflationsdruck durch die steigenden Preise, zwei weitere Probleme. Erstens wird der Staatshaushalt mit jeder Preissteigerung zusätzlich belastet, da Gas für Privathaushalte in der Ukraine stark subventioniert wird.

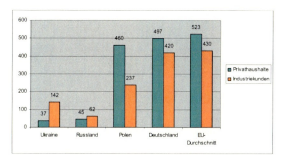

Bild 2.8: Vergleich der Gaspreise in US$ pro 1000 m³

So lag im Jahr 2006 der Endverbraucherpreis für private Haushalte bei 37 US$ pro 1000m³ für Gas, das zu diesem Zeitpunkt für 95 US$ importiert wurde, wie in Bild 2.8 zu sehen ist. Um den Staatshaushalt zu entlasten, ist hier die Einführung einer verbrauchsspezifischen Abrechnung bei Privathaushalten

---

[41] Vgl.: RIA Novosti, Russian News & Information Agency Novosti unter www.rian.ru/business/20071231/95000017-print.html; Zugriffsdatum: 17.03.2008

notwendig.[42] An die Industriekunden dagegen gibt der ukrainische Staat, im Gegensatz zu westlichen Staaten, die ihre Industrie stützen wollen, die Preiserhöhungen in vollem Umfang weiter. Zweitens wird die Spanne zwischen den Einnahmen aus dem Gastransit und den Ausgaben immer größer. Noch im Jahr 2005 konnte die Ukraine mit ihren Einnahmen von 1,5 Mrd. US$ etwa die Hälfte der Gasimporte bezahlen. Die Einnahmen von ca. 2 Mrd. US$ im Jahr 2007 reichten lediglich für rund ein Viertel der Importe.[43] Im Jahr 2006 konnte die Metallpreisentwicklung an den Weltmärkten die Verdopplung der russischen Erdgaspreise noch kompensieren, doch dies lässt sich für die folgenden Jahre mit Sicherheit nicht erwarten.[44]

Ein weiteres Problem ist der hohe Anteil der Schattenwirtschaft, der zwischen 1995 und 1998 27,03-63,98 % betrug.[45] Nach Schätzungen des Internationalen Währungsfonds waren es auch im Jahr 2004 noch ca. 30 %. Da keine ernsthaften Anstrengungen unternommen werden, dieses Problem zu lösen oder zumindest einzudämmen, bildet diese geduldete Steuerhinterziehung allerdings für viele Unternehmen eine wichtige indirekte Subvention.[46]

Bild 2.9: Kursentwicklung des PFTS 2002-2008[47]

---

[42] Vgl.: Pleines II (2008) S. 9
[43] Grafik der Schere zwischen Einnahmen und Ausgaben in Verbindung mit Gas im Anhang.
[44] Vgl.: Policy Brief der OECD unter www.oecd.org/publications/Policybriefs; Zugriffsdatum: 17.12.2007
[45] Vgl.: Novoseletsky (1999)
[46] Vgl.: Petroniu (2007) S. 286
[47] Chart des PFTS entnommen unter www.pfts.com/eng/; Zugriffsdatum: 29.03.2008

Ein weiterer Indikator für das Interesse ausländischer Investoren an einem Land ist das Interesse der Börse und im speziellen der Fonds- und Zertifikatebranche an dem betreffenden Land. Inzwischen bieten alle großen Banken entsprechende Fonds und Zertifikate an, wie z.b. der Fonds Emerging-Ukraine-Universal von Berenberg oder das S-Box Ukraine Indexzertifikat der Deutschen Bank. Welches Potential die Anleger der Ukraine zutrauen, wird am Kursverlauf des ukrainischen Leitindizes deutlich, der in den letzten Jahren eine eindrucksvolle Performance zeigte[48] und im Jahr 2007 weltweit zu den Top-Performern unter den Indizes gehörte.

---

[48] Vgl.: Artikel "Osteuropas Börsenstar" in Der Aktionär Nr. 39/07 S. 30 f. und Artikel „Elfmeter für die Ukraine" in Procontra Nr. 04/07 S. 10

2.2 Die Ukraine – ein Teil von Westeuropa? - Politische Fragezeichen

Seit 1991 ständig stattfindende Machtkämpfe zwischen dem Präsidenten und dem Parlament konnten erst mit der Änderung des Grundgesetzes 1996 eingedämmt werden. Bis zu diesem Zeitpunkt konnte das Parlament Entscheidungen der Regierung anfechten und Gesetzesentwürfe des Präsidenten blockieren.[49] Der Präsident andererseits konnte Vorschläge des Parlaments mit seinem Vetorecht stoppen. Dadurch blieben wichtige Wirtschaftsreformen im Gesetzgebungsverfahren stecken.[50] Auch heute noch ist die Regierung vom Präsidenten abhängig. Zwar kann das Parlament Gesetzesvorhaben des Präsidenten blockieren, aber es hat keine Möglichkeit, eigenständige Politik zu gestalten.[51] Selbst der Block, der die Unabhängigkeit der Ukraine gefordert und vorangebracht hat, war im Innern zerstritten. Außer dem Ziel, einen unabhängigen Staat zu etablieren, gab es nicht viele Gemeinsamkeiten. Dazu hatten die Parteien zu unterschiedliche historische Entwicklungen durchgemacht und zu verschiedene oder keine Parteiprogramme.[52] Der Konflikt zwischen den politischen Lagern der pro-russischen und pro-westlichen Parteien verstärkte sich noch bis 2004 durch eine Problematik in der Außenpolitik. Die Ukraine wurde einerseits mit den Annäherungsversuchen Russlands konfrontiert, zu dem eine wirtschaftliche Abhängigkeit bestand, da Russland der wichtigste Handelspartner und der Energielieferant für die Ukraine war. Andererseits gab es Forderungen von westlichen Organisationen, zu denen eine finanzielle Abhängigkeit bestand.[53] Zusammenfassend lässt sich sagen, dass in der Zeit von der Unabhängigkeit bis zur Orangenen Revolution 2004 kaum tiefgreifende Reformschritte unternommen wurden. Aufgrund der bereits erwähnten Außenpolitik gab es in der Ukraine wesentlich weniger Transformationsdruck aus dem Westen, als in anderen osteuropäischen

---

[49] Vgl. Barisitz (1999) S. 70 f
[50] Vgl.: Pleines I (2008) S. 89
[51] Vgl.: Pleines I (2008) S. 93
[52] Vg. Petroniu (2007) S. 266
[53] Vgl. Barisitz (1999) S. 70

Transformationsökonomien.[54] Ernsthafte Schritte zu einer Integration in internationale und europäische Strukturen erfolgten erst nach 2004.[55]

Seit der Verfassungsreform vom 01.01.2006 ist die Ukraine zumindest auf dem Papier eine parlamentarische Demokratie mit Verhältniswahlrecht, in der das Parlament (Werchowna Rada, Oberster Rat) alle 4 Jahre am letzten Sonntag im März gewählt wird. Das Parlament, das 450 Abgeordnete umfasst, wählt den Premierminister, der dann das Kabinett zusammenstellt.[56] Der Präsident wird alle 5 Jahre am letzten Sonntag im Oktober gewählt. In der Ukraine ist höchstens eine Wiederwahl des Präsidenten möglich. Eine Amtsenthebung ist nur bei Vorliegen einer schweren Straftat oder Landesverrat möglich. Der Präsident hat eine große Macht in der Ukraine, da er zum einen maßgeblich am legislativen Prozess mitwirkt und zum anderen die Kontrollinstanz der Regierung ist.[57] Problematisch für die politische Arbeit in der Ukraine ist das Nebeneinander zweier Machtzentren in der Exekutive. Hier bedarf es einer neuen Verfassung und der Klärung der Frage, ob das künftige Staatswesen konsequent zu einer parlamentarischen Demokratie umgebaut wird, bzw. werden kann.[58]

Ein großes Problem, auch in Bezug auf einen möglichen EU-Eintritt der Ukraine, ist die in allen Bereichen des öffentlichen Lebens vorhandene Korruption. In Kapitel 3.4 wird näher auf diese Problematik eingegangen. Des Weiteren ist die Politik durch die Machtkämpfe der in etwa gleich starken Blöcke handlungsunfähig und das Auftreten und Arbeiten der Behörden ist nicht immer dazu geeignet, Investoren anzulocken.

Allein zwischen 1993 und 2005 hat Deutschland über 100 Millionen Euro in das „Transform-Programm" zur Unterstützung der Reformen in der Ukraine investiert. Andererseits gibt es von deutscher Seite keine besonderen Anstrengungen den

---

[54] Vgl. Petroniu (2007) S. 269
[55] weiterführende Informationen zum Fortgang der Privatisierung in der Ukraine und damit verbundenen Problemen z.B. in Petroniu und Banaian
[56] Vgl.: Pleines I (2008) S. 85
[57] Vgl.: Pleines I (2008) S. 88
[58] Vgl.: bfai-Artikel „Beendigung der politischen Blockade in der Ukraine möglich" vom 08.10.2007 unter www.bfai.de; Zugriffsdatum: 20.12.2007

EU-Beitritt der Ukraine zu fördern. Kritiker meinen, dass sich Deutschland mit den Machtinteressen Russlands, die Ukraine betreffend, abgefunden hat. [59] Gleichzeitig ist Deutschland einer der wichtigsten und auch verlässlichsten Partner der Ukraine auf dem Weg in Richtung Westen, als zweitgrößter Geber bilateraler Hilfe nach den USA.

Bis heute hat die Ukraine keine konkrete Beitrittsperspektive aus Brüssel bekommen. Mit der Forderung nach und der Verteidigung von Demokratie und Rechtsstaatlichkeit während der Orangenen Revolution hat die Ukraine ihre osteuropäischen Nachbarn in dieser Beziehung überholt und die EU-Mitgliedsstaaten völlig überrascht. Im Westen assoziiert man die Ukraine immer noch mit Drogentransit, mafiosen Strukturen, Schattenwirtschaft, Frauenhandel, Prostitution, schleppendem Vorankommen der Transformation und einem Staats- und Gemeinwesen, das noch lange nicht die Kopenhagener Kriterien erfüllt. Man steht den von ukrainischen Politikern zu oft strapazierten EU-Plänen skeptisch gegenüber.[60] Aus Sicht der EU bestehen zwei weitere Gründe für die verwehrte Beitrittsperspektive. Zum einen ist die Erweiterungspolitik das politische Mittel der EU, um Stabilität in der Nachbarschaft zu schaffen. Durch die stark verbesserten Beziehungen zur Ukraine seit der Orangenen Revolution ist aber schon jetzt eine gewisse Stabilität erreicht. Zum anderen sind viele Staaten der EU „erweiterungsmüde" und sehen die EU an der Grenze ihrer Aufnahmefähigkeit. Durch die bei 27 Mitgliedsstaaten zahlreichen Veto-Möglichkeiten hat der Versuch einer Neuaufnahme wenig Aussicht auf Erfolg.[61]

Mit der Erweiterung der Europäischen Union im Jahr 2004 wurde die Ukraine zum EU-Nachbarstaat und zum ersten Nachbarland, bei dem die ebenfalls 2004 verabschiedete ENP mit dem dazugehörigen Aktionsplan Anwendung fand. Dieser Aktionsplan wurde bilateral verhandelt und enthält einen Maßnahmenkatalog zu Reformplänen in verschiedenen Politikbereichen. Er gilt drei Jahre, nach denen dann Verhandlungen über ein Enhanced Agreement beginnen können.

---

[59] Vgl. Scheer, Serdyuk (2007) S. 182, 192
[60] Vgl.: Jekutsch, Kratochvil Hrsg. (2007) S. 146 f.
[61] Vgl.: Böttger (2008) S. 6 in Ukraine Analysen 36/08

Diese Verhandlungen finden zurzeit statt, gestalten sich aber als recht schwierig, da über den Fortschritt auf verschiedenen Gebieten und weiter zu ergreifende Maßnahmen Uneinigkeit herrscht. Die Ukraine hat vier wesentliche Kritikpunkte an der ENP[62] für die Ukraine.[63]

- Die während der Orangenen Revolution gewährte Unterstützung Brüssels und einiger EU-Staaten im Demokratisierungsprozess bekräftigte die Reformkräfte und auch ihre Anhänger in ihrem Vorgehen. Der Rückzug der EU nach der Orangenen Revolution auf nur noch vage Möglichkeiten enttäuschte und verunsicherte sowohl die Reformparteien als auch die Menschen die konkrete Hoffnungen in den beginnenden Demokratisierungsprozess in der Ukraine legten.

- Die ENP wird der Ukraine auch mit der Definition und der Zusammensetzung dieser europäischen Nachbarschaft nicht gerecht. So gehören zu dieser Nachbarschaft zum einen auch die nordafrikanischen Staaten, denen nach ukrainischer Auffassung das Europäisch-Sein sowie Demokratie und Marktwirtschaft fehlen, zum anderen Staaten mit sehr schwankender außenpolitischer Orientierung wie z.B. Aserbaidschan und Armenien. Die Ukraine sieht sich in ihrer Entwicklung viel weiter und empfindet es als unangemessen mit diesen Staaten gleich behandelt zu werden.

- Die EU fordert mit ihrem Aktionsplan Anpassung an ihre Normen und eine kritiklose Übernahme des acquis communautaire [64] ohne eine entsprechende Gegenleistung, nämlich eine konkrete Beitrittsperspektive. Zwar verbessern die Maßnahmen des Aktionsplanes die Wirtschafts- und Handelsbeziehungen sowie den Zugang zum europäischen Binnenmarkt und bringen die Integration z.B. durch Freihandelsabkommen voran, aber

---

[62] Entwicklung aus Sicht der EU im ENP-Fortschrittsbericht Ukraine der Kommission der Europäischen Gemeinschaften unter http://ec.europa.eu/world/enp/pdf/sec06_1505-2_de.pdf; Zugriffsdatum: 23.02.20008
[63] Vgl.: Fischer (2008) S. 3 in Ukraine Analysen 36/08
[64] wörtlich: „gemeinschaftlich Erreichtes"; in der offiziellen Bezeichnung der EU „gemeinschaftlicher Besitzstand"; bezeichnet den Gesamtbestand an Rechten und Pflichten, der für die Mitgliedstaaten der EU verbindlich ist. Er besteht aus dem Primärrecht der Verträge, dem Sekundärrecht, den von den EU-Organen erlassenen Rechtsakten, den Entscheidungen des Europäischen Gerichtshofes (EuGH), Erklärungen, Entschließungen und bestimmten Abkommen.

die nur vagen Aussichten reichen nicht aus, um den immensen Aufwand bei der Übernahme der aquis in Kauf zu nehmen und innenpolitisch zu rechtfertigen.

- Die Ukraine-Politik der EU nimmt noch immer einen Umweg über Moskau. Die EU-Mitgliedsstaaten haben bei den Beziehungen zur Ukraine immer auch das Verhältnis zu Russland im Auge sowie ihre wirtschaftlichen Interessen in Russland. Auch das Visa Agreement schloss die EU zuerst mit Russland ab.

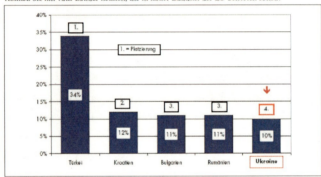

Bild 2.10: Haltung der EU-Bevölkerung zum EU-Beitritt der Ukraine[65]

Mit diesen Kritikpunkten macht die Führung in Kiew die EU mitverantwortlich für die schwierige sicherheitspolitische Position der Ukraine zwischen Russland und der EU.[66] Aus Sicht ausländischer Investoren ist es sehr zu begrüßen, dass die Verhandlungen mit der EU auch während der innenpolitischen Krise weitergeführt und vor allem auch von allen Parteien unterstützt wurden. Das beweist, dass trotz der bereits besprochenen Polarisation in der Innenpolitik Einigkeit über die Notwendigkeit einer engen Zusammenarbeit mit der EU besteht.

---

[65] Grafik aus einer repräsentativen Umfrage in allen EU-Mitgliedsstaaten von Mai bis Juni 2007, Eurobarometer unter http://www.ec.europa.eu/public_opinion/archives/ebs/ebs_285_de.pdf; Zugriffsdatum: 18.12.2007 (Die Nennung von Rumänien und Bulgarien deutet darauf hin, dass der Beitritt dieser Länder in großen Teilen der EU-Bevölkerung noch nicht wahrgenommen wurde.)

[66] Vgl.: Fischer (2008) S. 3 in Ukraine Analysen 36/08

Studien westlicher Autoren[67] zu den inneren Voraussetzungen der Ukraine bestätigen mit Blick auf Geographie und Geschichte den europäischen Charakter der Ukraine. Zweifel bestehen jedoch bei der Zugehörigkeit zur europäischen Wertegemeinschaft. Die anfängliche Euphorie der Orangenen Revolution ist schnell verflogen. Besonders die Regierungszeit Kutschmas wird in den Studien als besonders negativ hervorgehoben. Auch die aus wirtschaftlicher Sicht sehr reizvolle Lage zwischen Ost- und Westeuropa ist geopolitisch brisant, als Puffer oder Land mit „Übergangscharakter".[68] Auf dem Gebiet der Entwicklung des Staats- und Gemeinwesens hat die ukrainische Regierung einige Reformprogramme initiiert, allerdings ist der Nachholbedarf immens.[69] Es bleibt abzuwarten, wie schnell und effektiv sich die öffentliche Verwaltung der Ukraine an europäische Normen und Standards anpassen kann.

Der Warenaustausch zwischen der Ukraine und der EU ist weitgehend liberalisiert,[70] und auch die letzten Lizenzanforderungen im Textilhandel wurden abgeschafft, lediglich beim Handel mit ukrainischen Stahlerzeugnissen existieren noch mengenmäßige Beschränkungen.

Einen politischen Erfolg auf europäischer Ebene und gleichzeitig einen großen Schritt in der wirtschaftlichen Entwicklung kann die Ukraine allerdings seit Anfang dieses Jahres vorweisen. Am 05.02.2008 hat die Generalversammlung der WTO nach 14-jährigen Verhandlungen dem Beitritt der Ukraine zugestimmt. Die Ukraine hat damit zugesichert, die Ausfuhrzölle auf bestimmte Metalle, Leder, Lebendvieh und Sonnenblumenkerne zu senken und für Stahl, Pharmazeutika, Holz und Computertechnologie ganz abzuschaffen. Die Sätze sollen auf 5 % für Industrieprodukte und 11 % für landwirtschaftliche Erzeugnisse gesenkt werden.[71]

---

[67] Vgl.: Forschungsstelle Osteuropa unter: www.laender-analysen.de
[68] Vgl.: Jekutsch, Kratochvil Hrsg. (2007) S. 149-164
[69] Vgl.: Zhelyuk, Sahaidak (2007) S. 60-75
[70] Seit dem 01.03.1998 existiert ein Partnerschafts- und Kooperationsabkommen zwischen der Ukraine und der EU. Veröffentlicht im Amtsblatt der EU Nr. L49 vom 19.02.1998 S. 3
[71] Vgl.: Pressemitteilung der WTO vom 05.02.2008 unter http://www.wto.org/english/news_e/pres08_e/pr511_e.htm; Zugriffsdatum: 06.03.2008

Erstaunlich und zugleich positiv zu bewerten ist die anhaltende Dynamik der wirtschaftlichen Entwicklung, die sich sehr robust und relativ unbeeindruckt von den innerpolitischen Machtkämpfen der letzten Jahre zeigt. Einige Folgen der politischen Unsicherheit sind jedoch nicht zu übersehen. So flossen in die Ukraine weniger ausländische Direktinvestitionen als z.B. nach Bulgarien, obwohl die Ukraine sechsmal so viele Einwohner hat.[72]

Der von der ukrainischen Regierung geplante Nato-Beitritt wurde auf dem Nato-Gipfel Anfang April 2008 allerdings von 16 der 26 Mitgliedsstaaten abgelehnt. Dies ist keinesfalls negativ zu bewerten. Zu diesem Zeitpunkt waren laut einer Umfrage des Meinungsforschungsinstituts FOM-Ukraina 56% der Ukrainer gegen den Beitritt ihres Landes zur Nato. Ein Nato-Beitritt hätte das durch den Gasstreit bereits gespannte Verhältnis zu Russland unnötig belastet und die Spannungen zwischen dem pro-russischen und dem pro-westlichen Lager innerhalb des Landes weiter verschärft.

---

[72] Vgl.: Hypo Vereinsbank „Investitionsleitfaden Ukraine" (2005) S. 14 unter www.hypovereinsbank.de/firmenkunden; Zugriffsdatum: 22.01.2008

2.3 Vergleich der Regionen

In der Literatur wird die Ukraine meist in die vier Bereiche West-, Süd-, Zentral- und Ostukraine eingeteilt. Die Unterschiede, sowohl in kultureller als auch in wirtschaftlicher und politischer Sicht sind zwischen der West- und der Ostukraine besonders stark ausgeprägt. Die Westukraine ist ländlich geprägt, eher westlich orientiert und ukrainischsprachig, während die Ostukraine stark urbanisiert, industrialisiert, prorussisch und auch russischsprachig ist. Diese großen Unterschiede bei den ökonomischen, sozialen und ökologischen Kenndaten resultieren aus der wechselvollen Geschichte der einzelnen Regionen, die lange Zeit von verschiedenen ausländischen Mächten beherrscht wurden sowie aus der unterschiedlichen Ausstattung mit Ressourcen. Die Südukraine ist der Ostukraine sehr ähnlich, während die Zentralukraine das ausgleichende Element ist.

Bild 2.11: Regionale Einteilung der Ukraine

Die Gebiete mit der größten Bevölkerungsdichte sind die Bezirke im Osten der Ukraine, das Karpatenvorland, die Hauptstadt Kiew mit Umland und die Krim.

Die Westukraine unterscheidet sich stark von den übrigen Landesteilen. Dieser Teil wurde erst während des 2. Weltkrieges zur Sowjetrepublik und stand im

Gegensatz zur Restukraine nur 45 Jahre unter kommunistischer Herrschaft.[73] In diesem Landesteil ist deshalb die nationale Identität besonders stark ausgeprägt, genauso wie die generelle Offenheit gegenüber ökonomischen Reformen.[74] Demographisch zeigt die Westukraine eine fast ausgeglichene Bevölkerungsentwicklung und eine überdurchschnittliche Geburtenrate und Lebenserwartung. Hier leben 9,4 Mio. Menschen bzw. 20,2 % der ukrainischen Gesamtbevölkerung. Zwar hat das Karpatenvorland eine relativ hohe Bevölkerungsdichte, insgesamt ist die Westukraine aber sehr ländlich geprägt.

Die Südukraine hat nur wenige Rohstoffvorkommen und damit wenig Schwerindustrie. Durch die günstige Lage am Schwarzen Meer spielen hier jedoch Handel und Transport eine große Rolle. Neben dem großen Hafen in Odessa ist in den Küstenregionen der Südukraine vor allem der Tourismus ein wichtiger Wirtschaftsfaktor. Die Landwirtschaft beschäftigt sich neben dem für die Ukraine obligatorischen Getreideanbau mit Obst- und Gemüseanbau. Hier leben 7,1 Mio. Menschen (15,1 % der ukrainischen Gesamtbevölkerung).

Die Zentralukraine wird von 15,1 Mio. Menschen bewohnt (32,4 % der ukrainischen Gesamtbevölkerung) und hat eine wichtige Ausgleichsfunktion zwischen der Ostukraine und der nationalistischen Westukraine. Sie ist die Brücke zwischen dem historisch polnisch und habsburgisch geprägten Westen, der „Hochburg des Ukrainertums" und dem „Schaufenster des Sozialismus"[75], dem russisch ausgerichteten Osten. Die Zentralukraine ist auch die Grenze zwischen der griechisch-katholischen und der orthodoxen Bevölkerung. Hier spricht man zwar überwiegend russisch, die Bevölkerung stimmte bei den letzten Wahlen aber zum großen Teil für eine Demokratie westlicher Prägung.[76] Die Hauptstadt Kiew ist das wirtschaftliche Zentrum der Region, die durch ihre fruchtbaren Schwarzerdeböden die Landwirtschaft als Hauptwirtschaftszweig hat. Durch starke Reduzierung der arbeitsintensiven Produktion von Zuckerrüben in den 90er Jahren hat die Zentralukraine mit sehr hoher Arbeitslosigkeit und

---

[73] Die anderen Teile der Ukraine standen 70 Jahre unter kommunistischer Herrschaft.
[74] Vgl.: Barisitz (1999) S. 70
[75] Zitate aus dem Wahlkampf im Jahr 2004
[76] Vgl. Scheer, Serdyuk (2006) S. 17, eine Grafik der Wahlergebnisse befindet sich im Anhang.

Bevölkerungsrückgang zu kämpfen. Der Sterbeüberschuss ist teilweise mit den seit dem Reaktorunfall von Tschernobyl radioaktiv verseuchten Gebieten im Norden der Gebiete Zytomir und Kiew zu erklären.[77] In diesem Gebiet sind 8,5 Mio. ha mit Caesium 137 und Strontium 90 belastet.[78]

In der Ostukraine leben 15 Mio. Menschen (32,3 % der Gesamtbevölkerung), deren Hauptumgangssprache Russisch ist. Der Urbanisierungs- und Industrialisierungsgrad ist sehr hoch. Die Ostukraine verfügt über bedeutende Rohstoffvorkommen, wie Kohle, Eisen und Mangan und dadurch bedingt ist hier Maschinenbau, Schwerindustrie, Rüstungs- und Raumfahrtindustrie angesiedelt. In den letzten Jahren hat aber auch der Dienstleistungssektor an Bedeutung gewonnen. Die Ostukraine ist das Rückgrat der Industrie der Ukraine. Deutlich mehr als die Hälfte der Industrieproduktion wird in diesem Gebiet erwirtschaftet, wie in Bild 2.12 deutlich wird.[79] Sechzehn der fünfundzwanzig größten Unternehmen des Landes haben hier ihren Sitz.[80]

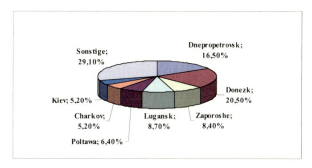

Bild 2.12: Industrieproduktion nach Regionen

Nach Betrachtung der einzelnen Regionen der Ukraine, zeigt sich, dass der Osten besonders attraktiv für ausländische Investoren ist. Die ostukrainische Stadt

---

[77] Vgl.: Klüsener (2007) S.6
[78] Vgl.: Breinbauer, Paul (2006) S. 39
[79] Vgl.: Dombrovski (2007) S. 13
[80] Vgl.: Meyer (2007) S. 23

Donezk (Hauptstadt der gleichnamigen Oblast[81]) ist das Zentrum des Kohlereviers Donbass und die fünftgrößte Stadt der Ukraine. Donezk ist ein wichtiges Zentrum der Schwerindustrie und des Kohlebergbaus. Hier befinden sich, zum Teil direkt unter der Stadt, vor allem Steinkohlebergwerke. Koks, Stahl und Chemie in Donezk und der umliegenden Region Donbass sind die zentrale wirtschaftliche Kraft der Ukraine. Die Region Donezk erzeugt mit 10% der Gesamtbevölkerung knapp 20% der ukrainischen Industrieproduktion. Aus der Region Donezk stammen 25% der ukrainischen Exporte. Keine andere Region des Landes hat, außer der Hauptstadt Kiew, eine vergleichbare Bedeutung oder einen ähnlich hohen Lebensstandard, so werden die Flächen im weiten Umkreis der Stadt überwiegend landwirtschaftlich genutzt. Die Ostukraine ist insgesamt für 37,3 % des BIP verantwortlich.[82] Die hohe Industrialisierung und der hohe Lebensstandard, einhergehend mit den, im landesweiten Vergleich hohen Löhnen und damit hoher Kaufkraft, machen diese Region für ausländische Investoren sehr interessant.

Auch bei der Betrachtung des Außenhandels wird die besondere Bedeutung der Ostukraine deutlich. Die Regionen Donezk, Dnepropetrovsk, Saporoschje und Lugansk erbringen zusammen 59,2 % der Exportleistung der Ukraine.[83]

Auch eine Untersuchung der Unternehmensberatung *Ostconsult* ergab eine besondere Attraktivität der Ostukraine, wenn es um Vertriebs- und Marketingaktivitäten geht und keine Produktion geplant ist. Neben der Hauptstadt Kiew und der Krim nehmen die Regionen Donezk, Charkov, Dnepropetrovsk und Lugansk die oberen Plätze bei dieser Untersuchung ein.[84]

---

[81] Oblast, zu deutsch Region oder Gebiet. Aufgrund der politischen Gliederung in Oblaste wird hier von Region ausgegangen.
[82] Vgl.: Meyer (2007) S. 26
[83] Vgl.: European Business & Government Academy unter www.ebga.eu; Zugriffsdatum: 17.10.2007
[84] Vgl.: www.ostconsult.de; Zugriffsdatum: 25.02.2008

Eine Übersicht zu den Wirtschaftszweigen in den einzelnen Regionen befindet sich im Anhang.[85]

---

[85] Daten und Grafiken zu den einzelnen Regionen für die Tabelle im Anhang aus Publikation Otkruiwaem Ukrainu Anatolij Kinach, Präsident der UCPP (Ukrainische Vereinigung der Industriellen und Unternehmer)

3 Standortspezifische Probleme und Anforderungen bei der Bearbeitung des ukrainischen Marktes

"Unsere Erfahrung zeigt, dass die Vorbereitungszeit [in der Ukraine] meist wesentlich länger ist als die eigentliche Bau-, Montage- und Inbetriebnahmezeit. Dies hängt häufig an langwierigen Verhandlungen mit Eigentümern, Partnern, oft unklaren Eigentumsverhältnissen an Gebäuden und Grundstücken, strittigen Vermietungs- und Untervermietungsbedingungen, Auslegungen von Gesetzesvorlagen, Genehmigungsverfahren durch die Behörden sowie Kompetenzstrukturen, die sich für westliche Unternehmen nicht auf den ersten Blick erschließen."[86] Dieses Zitat aus dem Erfahrungsbericht eines deutschen Unternehmers lässt darauf schließen, dass ein Engagement in der Ukraine für deutsche Unternehmen nicht auf die gleiche Weise geplant und durchgeführt werden kann, wie sie es aus Deutschland gewohnt sind und ein solches Vorhaben mit erheblichem Aufwand und auch Risiko verbunden ist.[87]

Große Mängel in der Infrastruktur, wie die schlechten Straßen oder das veraltete Kommunikationssystem und Probleme mit Korruption sowie der Beachtung und Anwendung der zahlreichen Vorschriften stellen ausländische Investoren immer wieder vor Herausforderungen. Die folgenden Abschnitte beleuchten einzelne dieser Aspekte näher.

---

[86] Erfahrungsbericht von Hartmut Schimetschek, Director Business Development Russia/Ukraine, OSI International Foods GmbH, erschienen in den Ost-Ausschuss-Informationen 1-2/2007 unter http://www.ostausschuss.de/pdfs/leseprobe_oai_2007.pdf, Zugriffsdatum: 03.12.2007
[87] weitere Informationen zu Problemen und Risiken in verwaltungs- und steuerrechtlicher Hinsicht sowie der Rechtsdurchsetzung in der Ukraine bei Grabau, Demski, Becker (2007)

3.1 Rechts- und Steuerfragen, Rechnungslegung

3.1.1 Gründung

Mit der Erklärung der Unabhängigkeit kam in der Ukraine auch der Begriff der unternehmerischen Tätigkeit auf, der in der sozialistischen Wirtschaft nicht bekannt war. Im Kapitel IV der Deklaration der Staatlichen Souveränität der Ukraine vom 16.07.1990 heißt es: „Die Ukraine bestimmt ihren wirtschaftlichen Status selbst und verankert diesen in ihren Gesetzen. Die Ukraine garantiert den Schutz aller Formen des Eigentums." Die Verfassung der Ukraine vom 28.06.1990 bestimmt in Artikel 42: „Jedermann hat das Recht auf unternehmerische Tätigkeit, die nicht gesetzlich verboten ist."[88]

Tabelle 3.1: Gesellschaftsformen in der Ukraine[89]

Bezeichnung	gesetzliche Grundlagen	Beschreibung
Vollgesellschaft	Art. 119-132 ZGB, Art. 66-74 WiGG	Gesellschafter haftet mit seinem persönlichem Vermögen für Verbindlichkeiten der Gesellschaft. Ähnlich der dt. offenen Handelsgesellschaft, aber mit eigener Rechtspersönlichkeit
Kommanditgesellschaft	Art. 133-139 ZGB, Art. 75-83 WiGG	Min. 1 Vollhafter (Komplementär) und Teilhafter in Höhe ihrer Einlage (Kommanditisten). KG ist auch im Gegensatz zu Dt. eine juristische Person.
Gesellschaft mit beschränkter Haftung	Art. 140-151 ZGB, Art. 50-64 WiGG	Gesellschafter haften nur in Höhe ihrer Einlage für Verbindlichkeiten der Gesellschaft. Ähnlich der dt. GmbH. Häufigste Gesellschaftsform in der Ukraine.
Gesellschaft mit zusätzlicher Haftung	Art. 151 ZGB, Art. 50-64 WiGG	Zusätzlich zu ihren Einlagen haften die Gesellschafter mit ihrem Privatvermögen entsprechend der Höhe ihrer Beteiligung.
Aktiengesellschaft	Art. 152-162 ZGB, Art. 81 WGB, Art. 24-49 WiGG	In der Ukraine als offene (VAT) und geschlossene (ZAT) AG möglich. Stammkapital in Aktien mit gleichem Nennbetrag zerlegt. Haftung nur mit dem Gesellschaftsvermögen.
Produktionsgenossenschaft	Art. 163-166 ZGB, Art. 95-110 WGB	Vereinigung von natürlichen Personen zum gemeinsamen Betrieb einer Produktion oder Dienstleistung.
unitarischer Betrieb	Art. 73-78 WGB	typische Rechtsform für Staats- und Gemeindebetriebe.
Repräsentanz	Art. 95 ZGB, Art. 5 AwtG	gesonderte Struktureinheit einer juristischen Person, die sich außerhalb des Hauptsitzes der Muttergesellschaft befindet. Das Mutterunternehmen haftet in voller Höhe für Verbindlichkeiten der Repräsentanz.

Unternehmerische Tätigkeit wird in Artikel 1 des Gesetzes der Ukraine über das Unternehmertum definiert: „Unternehmertum ist eigeninitiative, regelmäßige, auf

---

[88] Vgl. Arnold Hrsg. (2005) S. 6 oder Kukolevskaja (1999) S. 11
[89] Selbst erstellt, Daten aus Rackwitz (2004), weiterführende Informationen zu den anderen Gesellschaftsformen z.B. in Kiszczuk (1996) „Das Recht der Wirtschaftsgesellschaften in der Ukraine"

Standortspezifische Probleme und Anforderungen bei der Bearbeitung des ukrainischen Marktes

eigenes Risiko gestützte Tätigkeit zur Erzeugung von Produkten, Durchführung von Arbeiten, Erbringung von Dienstleistungen und zur Ausübung des Handels mit dem Ziel, Gewinne zu erzielen."[90] Ausgeschlossen von der freien Wahl der unternehmerischen Tätigkeit sind Tätigkeiten, die nur von staatlichen Organen ausgeführt werden dürfen, wie z.b. die Erzeugung von Waffen und Munition, die Gewinnung von Bernstein, der Vertrieb narkotischer Mittel, psychotroper Stoffe, Sprengstoffe etc. [91] Außerdem existieren Beschränkungen für Ausländer im Verlags- und Druckereiwesen sowie anderen Branchen.[92] Zur Ausübung einiger Tätigkeiten ist eine staatliche Lizenz erforderlich. Dies sind unter anderem die Herstellung und der Verkauf von Jagd-, Sport- und Luftdruckwaffen sowie von Alkohol- und Tabakerzeugnissen.[93] Im Gesetz über das Regime ausländischer Investitionen (InvG) sind die Möglichkeiten der unternehmerischen Tätigkeit für Ausländer geregelt. Nach diesem Gesetz liegt ein Unternehmen mit ausländischer Investition vor, wenn die Investition mindestens 10 % des Stammkapitals beträgt und die Gesellschaft nach ukrainischem Recht gegründet wurde. Das InvG garantiert ausländischen Investoren für 10 Jahre den Schutz vor Enteignung und Beschlagnahme, freie Gewinnabfuhr ins Ausland (nach Zahlung aller Steuern und Abgaben) sowie die Möglichkeit nach Ende der Investition, alle eingebrachten Investitionen ungehindert aus der Ukraine auszuführen. Diese gesetzlich vorgesehenen Vorteile und Garantien[94] kann der ausländische Investor nur in Anspruch nehmen, wenn er seine Investition nach den Vorschriften der Verordnung des Ministerkabinetts der Ukraine über die staatliche Registrierung von ausländischen Investitionen Nr. 928 vom 07.08.1996 registriert.[95] Das InvG definiert ausländische Investitionen als Werte, die von ausländischen Investoren nach dem Recht der Ukraine mit dem Ziel, Gewinne zu erzielen oder soziale

---

[90] Vgl. Kukolevskaja (1999) S. 12
[91] Vgl.: Kukolevskaja (1999) S. 13
[92] Genaueres zu Einschränkungen für ausländische Investoren im bfai-Artikel „Beschränkungen und Verbote im Investitionsrecht der Ukraine" vom 23.10.2006 unter www.bfai.de; Zugriffsdatum: 20.12.2007
[93] weitere Beispiele und Erläuterungen zum Antragsverfahren in Kukolevskaja (1999) S. 13 f
[94] ausführlich zu staatlichen Garantien für ausländische Investitionen in Omel'cenko (1999) S. 28-34
[95] Vgl.: Omel'cenko (1999) S. 25

Effekte zu erreichen, in Investitionsobjekte eingebracht werden.[96] Zulässige ausländische Investitionen sind nach dem InvG[97]:
- ausländische Währungen
- reinvestierte ukrainische Währung
- jegliche Art von beweglichem und unbeweglichem Vermögen und damit verbundene Rechte
- Aktien, Schuldverschreibungen sowie andere Wertpapiere oder Gesellschaftsanteile
- Geldforderungen oder vertragliche Ansprüche, für die eine Garantie einer Bank besteht
- gewerbliche Schutzrechte
- Ansprüche auf die Durchführung wirtschaftlicher Tätigkeit einschließlich der Rechte auf Gewinnung von Rohstoffen

Dabei kennt das ukrainische Recht folgende Möglichkeiten der ausländischen Investition[98]:
- Gründung eines Joint Venture mit ukrainischen juristischen Personen oder Einzelpersonen
- Erwerb von Aktien an bestehenden Gesellschaften
- Gründung einer 100%igen Tochtergesellschaft, Zweigniederlassung oder einer anderen Filialform einer ausländischen Gesellschaft
- Erwerb von beweglichem oder unbeweglichem Vermögen, direkt oder in Form von Aktien, Schuldverschreibungen oder Wertpapieren
- Erwerb von Rechten für die Nutzung von Land oder Gewinnung von Rohstoffen sowie
- Erwerb anderer Vermögensrechte

Vermögenswerte, die als Stammeinlage in das Stammkapital eines Unternehmens mit ausländischen Investitionen eingebracht werden, sind von Zollgebühren befreit. Bei Einfuhr der Vermögenswerte stellt das einführende Unternehmen den

---
[96] Vgl.: Omel'cenko (1999) S. 20
[97] Vgl.: Bernstorff (1999) S. 246
[98] Vgl.: Bernstorff (1999) S. 247

Zollbehörden einen Wechsel mit einer Laufzeit von 30 Tagen auf den Zollwert dieser Vermögenswerte aus. Der Wechsel verfällt und die Einfuhrgebühr wird nicht erhoben, wenn die Vermögenswerte innerhalb dieser 30 Tage in die Bilanzen des Unternehmens aufgenommen werden. Dabei muss die für das Unternehmen zuständige Steuerinspektion die Aufnahme der Vermögenswerte in die Unternehmensbilanz durch einen Vermerk auf einem Wechselexemplar bestätigen.[99]

Nach Art. 3 des Gesetzes der Ukraine über das Eigentum vom 07.02.1991 und den Art. 2 und 318 des Bürgerlichen Gesetzbuches der Ukraine haben Ausländer die gleichen Rechte und Pflichten betreffend Eigentum, Besitz und Verwendung von Vermögen, wie ukrainische Staatsbürger, ausgenommen gesetzlich festgelegter Sonderfälle. Der Erwerb von Grundstücken auf dem Gebiet der Ukraine durch juristische Personen, die zu 100 % in ausländischem Eigentum stehen, ist ein solcher Fall. Gebäude können gekauft werden, für Grundstücke kann man nur ein Nutzungsrecht (nicht mehr als 50 Jahre) erwerben.[100]

Der erste Schritt in der unternehmerischen Tätigkeit ist die Wahl der Gesellschaftsform. Die wesentlichen rechtlichen Grundlagen für die verschiedenen Gesellschaftsformen in der Ukraine befinden sich in drei Gesetzen, dem ZGB, dem WGB und dem WiGG[101]. Die möglichen Gesellschaftsformen sind in Tabelle 3.1 dargestellt. Da die meistgenutzte Gesellschaftsform die TOV ist, wird hier nur auf diese Gesellschaftsform näher eingegangen.[102] Die Vorteile einer TOV sind im Wesentlichen das im Vergleich zur ZAT oder VAT geringere Mindeststammkapital, das einfachere und schnellere Registrierungsverfahren sowie die Möglichkeit, die Veräußerung und Verpfändung von Gesellschaftsanteilen zu beschränken. Außerdem gibt es keine Pflicht zur Registrierung von

---

[99] Vgl.: Omel'cenko (1999) S. 23 f
[100] Vgl.: Hypo Vereinsbank „Investitionsleitfaden Ukraine" (2005) S. 59 unter www.hypovereinsbank.de/firmenkunden; Zugriffsdatum: 22.01.2008 und Coface Austria, Coface Central Europe "Country Report Ukraine" (2007) S. 17 unter www.ihk-regensburg.de; Zugriffsdatum: 14.01.2008
[101] Gesetz der Ukraine über die Wirtschaftsgesellschaften, verabschiedet am 19.09.1991 Vgl.: Agafonov (1999) S. 1-3
[102] Darstellung von und Bestimmungen zu anderen Gesellschaftsformen z.B. in Kiszczuk (1996) S. 94-193

Gesellschaftsanteilen und keine Publizitätspflicht. Natürliche und juristische Personen können als Gesellschafter auftreten. Nach Art. 141 Ziff. 2 ZGB kann eine TOV auch aus nur einem Gesellschafter (Einpersonen-Gesellschaft) bestehen, der aber selbst keine Einpersonen-TOV sein darf (Verbot der Doppelstöckigkeit). Zur Gründung einer TOV ist nach Art. 143 ZGB eine Satzung notwendig. In dieser müssen gem. Art. 88 u. 143 ZGB sowie Art. 4 u. 51 WiGG folgende Angaben enthalten sein:

- Firma, mit dem Zusatz „TOV"
- Art, Zweck und Tätigkeit der Gesellschaft
- Hauptsitz, tatsächliche Adresse
- Zusammensetzung von Gründern und Gesellschaftern
- Höhe und Zusammensetzung des Stammkapitals
- Höhe und Anteile jeden Gesellschafters sowie die Art der Einbringung
    Verfahren der Anteilsübertragung am Stammkapital
- Höhe und Verfahren des Rücklagenfonds
- Verfahren der Verteilung von Gewinn und Verlusten
- Zusammensetzung, Zuständigkeit und Verfahren der Beschlussfassung durch die Leitungsorgane der Gesellschaft
- Bestimmung von Stimmverhältnissen bei Entscheidungen der Gesellschafterversammlung
- Verfahren der Eintragung von Änderungen in die Satzung der TOV
- Verfahren bei Beitritt und Austritt von Gesellschaftern
- Voraussetzungen für Reorganisation und Liquidation

Außerdem sind folgende Unterlagen vorzubereiten[103]:
- notariell beglaubigter Auszug aus dem Handelsregister des Sitzstaates der Muttergesellschaft
- Vollmacht für den Vertretungsbefugten der Muttergesellschaft in der Ukraine, damit dieser Dokumente im Namen der Muttergesellschaft ausstellen und Bankkonten eröffnen kann
- Vollmacht für den Rechtsanwalt, der die Registrierung abwickeln soll

---

[103] Vgl.: bfai Artikel Verfahren zur Gründung von Niederlassungen vom 23.10.2006 unter www.bfai.de; Zugriffsdatum: 24.10.2007

- Original vom Vorstandsbeschluss über die Gründung eines Unternehmens in der Ukraine
- Empfehlungsschreiben der Hausbank

Das Mindeststammkapital ist in der Ukraine kein festgeschriebener Wert, sondern orientiert sich an dem zum Zeitpunkt der Gründung geltenden Mindestlohn. Das Mindeststammkapital beträgt nach Art. 52 WiGG dem Äquivalent von 100 Mindestlöhnen.[104] Für die Herabsetzung des Stammkapitals einer TOV bedarf es eines Beschlusses der Gesellschaft (Art. 56 WiGG). Dieser Beschluss wird nicht früher als drei Monate nach seiner Eintragung ins staatliche Register rechtswirksam. Das Gesetz verbietet jede Befreiung von der Einzahlungspflicht der Gesellschafter. Dies dient dem Gläubigerschutz. Nach Art. 144 ZGB müssen die Gesellschafter min. 50 % des Stammkapitals im Moment der Registrierung eingezahlt haben.[105] Die restliche Summe muss im Laufe des ersten Geschäftsjahres eingezahlt werden. Sollte dies nicht geschehen, muss das Stammkapital herabgesetzt, entsprechende Änderungen in der Satzung eingetragen oder der Beschluss über die Liquidation der Gesellschaft gefasst werden.

In der Ukraine sind alle juristischen Personen, unabhängig von ihrer Organisations- und Rechtsform registrierungspflichtig. Die Registrierung hat nach den Regelungen der Verordnung des Ministerkabinetts der Ukraine Nr. 740 vom 25.05.1998 zu erfolgen.[106] Die juristische Person entsteht nach Art. 87 ZGB mit ihrer staatlichen Registrierung. Diese erfolgt gem. Art. 5 StaatsRegG bei den Stadt- und Bezirksverwaltungsbehörden am Sitz der juristischen Person in das Einheitsstaatsregister für juristische Personen und Privatunternehmer, welches der Allgemeinheit zur Einsicht zur Verfügung steht. Für die Eintragung müssen nach Art. 24 StaatsRegG folgende Unterlagen vorgelegt werden:
- ausgefülltes Registrierungsformular, das zugleich Registrierungskarte ist
- Kopie des Gründungsbeschlusses oder ein entsprechender Akt des bevollmächtigten Organs über die Gründung der juristischen Person

---

[104] Gem. Art. 89 des Gesetzes über den Staatshaushalt für 2007 beträgt der monatliche Mindestlohn ab dem 01.10.2007 460,- UAH.
[105] Vgl. www.bfai.de Zugriffsdatum: 22.01.2008
[106] Vgl.: Kukolevskaja (1999) S. 15

- Zwei Exemplare der Gründungsurkunde
- notariell beglaubigte Unterschriften der Gesellschafter auf den Gründungsurkunden
- Bestätigung über die Einzahlung der Registrierungsgebühr von derzeit 2500 US$, (darf bei der Registrierung nicht weiter als 6 Monate zurückliegen)
- geeignetes Dokument, das die Einbringung der Sach- oder Bareinlage bestätigt
- legalisierter Auszug aus dem Handelsregister des Herkunftslandes, wenn eine ausländische juristische Person (Mit-) Gründer einer juristischen Person ist
- Kopie vom Miet-, Pacht- oder Kaufvertrag mit der Adresse des Unternehmenssitzes
- gegebenenfalls Genehmigung des staatlichen Monopolkomitees der Ukraine

Bei der Registrierung ist bereits die geplante Anzahl der Mitarbeiter anzugeben. Diese Anzahl gilt gleichzeitig als maximale Mitarbeiterzahl. Alle Schriftstücke, die keine ukrainischen Originaldokumente sind, müssen durch einen amtlichen Übersetzer übersetzt und mit dessen Stempel versehen werden.[107] Das Verlangen weiterer Unterlagen durch die Registrierungsbehörde ist gesetzlich untersagt, kann aber dennoch vorkommen. Über den Antrag zur Registrierung einer juristischen Person wird binnen drei Arbeitstagen entschieden (Art. 25 StaatsRegG). Für die Registrierung wird vom Wirtschaftsministerium der Ukraine eine Gebühr von 2500 US$ erhoben. Diese Gebühr muss direkt vom Unternehmen auf das Konto des Wirtschaftsministeriums eingezahlt werden. Diesen Vorgang kann man nicht von einer Rechtsanwaltskanzlei oder einer anderen Agentur ausführen lassen. Ändert sich die Bezeichnung, die Organisations-, Rechts- oder Eigentumsform des Unternehmens, so muss eine erneute Registrierung erfolgen.[108]

---

[107] Vgl.: bfai-Artikel: „Verfahren zur Gründung von Niederlassungen" unter www.bfai.de; Zugriffsdatum: 24.10.2007
[108] Vgl.: Kukolevskaja (1999) S. 16 f

Im Anschluss an diese Registrierung sind weitere Anmeldungen bei der Statistikbehörde sowie den Renten- und drei Sozialversicherungsfonds erforderlich. Eine Anmeldung juristischer Personen bei den Steuerbehörden ist seit August 2005 nicht mehr selbst vorzunehmen, da automatisch eine Mitteilung der Registrierungsbehörde erfolgt.[109] Bestimmte Unterlagen müssen dennoch eingereicht werden.[110] Bei der Registrierung sind Anträge für alle Behörden auszufüllen und einzureichen. Das „Ein-Fenster-Prinzip" ist im Aufbau, steht aber noch nicht in allen Regionen zur Verfügung. Es gibt allerdings spezialisierte Unternehmen, welche die Registrierungen nacheinander bei den einzelnen Behörden einholen. Nach diesem Schritt kann man ein Bankkonto eröffnen bzw. ein bereits eröffnetes Konto in ein ständiges Konto umwandeln. Für die Kontoeröffnung werden folgende Unterlagen benötigt:

- notariell beglaubigte Kopien des Gründungsvertrages, des Unternehmensstatutes und der Bescheinigung über die staatliche Registrierung
- Antrag auf Kontoeröffnung, unterzeichnet vom Geschäftsführer und vom Hauptbuchhalter (wenn vorhanden)
- Karte mit den notariell beglaubigten Unterschriftsmustern derjenigen Personen, die gemäß der gültigen Gesetzgebung und den Gründungsdokumenten berechtigt sind, Zahlungs- und andere Gelddokumente zu unterzeichnen und über das Konto zu verfügen

Die Bank macht einen Vermerk über die Kontoeröffnung auf der Titelseite des Statutoriginals, wo auch der Vermerk der Steuerorganisation über die Eintragung bei der Steuerbehörde vermerkt ist. Als letzten Schritt kann man dann einen Firmenstempel beantragen. Im Gegensatz zu Deutschland kann man in der Ukraine nicht in jedem Bürowarengeschäft einen Stempel anfertigen lassen. Hier bedarf es einer behördlichen Genehmigung. Dafür benötigt man die Bescheinigung über die Kontoeröffnung. Die Genehmigung zur Fertigung des

---

[109] Vgl.: Coface Austria, Coface Central Europe "Country Report Ukraine" (2007) unter www.ihk-regensburg.de; Zugriffsdatum: 14.01.2008

[110] Botschaft der Ukraine unter: http://www.botschaft-ukraine.de/index.php?id=29,101,0,0,1,0 Zugriffsdatum: 04.02.2008

Stempels und Siegels erhalten Unternehmer und juristische Personen von folgenden Behörden:
- für gemeinsame Unternehmen mit ausländischen Firmen von Verwaltungen oder Abteilungen des Innenministerium der Republik Krim, der Stadt Kiew, der Gebiete und der Stadt Sewastopol oder anderer Städte
- für alle anderen Unternehmen von Stadt und Bezirksabteilungen

Der schriftliche Antrag zur Erteilung einer Genehmigung zur Fertigung des Unternehmensstempels und -siegels muss den genannten Behörden vom Geschäftsführer persönlich vorgelegt werden. Anlagen zum Antrag sind:
- Muster des Stempels und Siegels in 2 Exemplaren, das vom Organ, welches die Gründung oder die Registrierung des Unternehmens beschlossen hat, bestätigt sein muss
- Kopie des Registrierungszeugnisses, dessen Nummer auf dem Stempel und Siegel stehen wird
- Bestätigung der Kontoeröffnung bei den Niederlassungen der Nationalen Bank oder einer der kommerziellen Banken der Ukraine

Ferner werden folgende Dokumente benötigt:
- das Original des Registrierungszeugnisses, das mit einem Vermerk auf der Rückseite über die Erteilung der Genehmigung zur Ausfertigung des Stempels und Siegels zurückgegeben wird
- Originale oder notariell beglaubigte Kopien des Firmenstatutes und des Gründungsvertrages oder aber nur des Statutes, die gemeinsam mit der Genehmigung zurückgeben werden
- vom Geschäftsführer bestätigter Auszug aus dem Statut darüber, dass das Unternehmen eine juristische Person ist und das Recht zur Nutzung des Stempels und Siegels hat

Es existiert inzwischen ein Regierungsbeschluss, der die Vereinfachung des Registrierungsprozesses vorschreibt. Es bleibt abzuwarten, ob dieser Beschluss zügig umgesetzt wird.

Vorausgesetzt alle Dokumente wurden korrekt ausgefüllt und es gibt keine Verzögerungen von Seiten der Behörden, muss man für die Gründung einer TOV in der Ukraine ca. 30-45 Tage einplanen.[111]

Ein GmbH-Gesetz mit genauen Regelungen existiert nicht. In der Ukraine sind GmbHs nicht zur Veröffentlichung von Berichten über ihre Ergebnisse verpflichtet.[112] Es gibt auch keine Tatbestände, die eine Durchgriffshaftung der Gesellschafter begründen könnten. Die Haftungsbeschränkung ist absolut.[113] Weitere Vorteile der Gründung einer TOV sind das geringe Mindeststammkapital, das im Vergleich z.B. zur ZAT oder VAT [114] einfachere und schnellere Registrierungsverfahren und das Fehlen einer Pflicht zur Registrierung von Gesellschaftsanteilen.

In der Ukraine existiert neben dem Geschäftsführer noch eine weitere sehr wichtige Person im Unternehmen – der Hauptbuchhalter. Alle Finanzdokumente sind vom Geschäftsführer und vom Hauptbuchhalter zu unterschreiben. Der Geschäftsführer trägt die materielle Gesamtverantwortung, der Hauptbuchhalter die Verantwortung gegenüber dem Finanzamt. Er hat persönlich für die Einhaltung der Rechnungslegungsvorschriften zu garantieren.[115] Im Gegensatz zu juristischen Personen, brauchen private Unternehmer keinen Hauptbuchhalter. Da aber auch sie alle geforderten Steuerunterlagen erstellen müssen, bleibt ihnen die Wahl, entweder einen Hauptbuchhalter einzustellen (bei entsprechender Größe) oder ein Buchhaltungsunternehmen mit den entsprechenden Aufgaben zu betrauen. Auch bei den juristischen Personen lassen die ukrainischen Steuergesetze Ausnahmen zu, so dass kleinere Unternehmen ebenfalls ein Buchhaltungsunternehmen beauftragen können. Bei der Einstellung eines Hauptbuchhalters ist besonders gewissenhaft und genau vorzugehen, da bei ungenügender Kontrolle die Gefahr der Bildung einer zweiten Geschäftsführung besteht.

---

[111] Erfahrungswerte befragter Rechtsanwaltsgesellschaften
[112] Art. 146 Abs. 5 ZGB
[113] Vgl. Solotych (1994) S. 91, 107
[114] Der Zeitraum, den man für den gesamten Gründungsprozess einplanen muss, beträgt bei einer ZAT 60-70 Tage und bei einer VAT 120-140 Tage.
[115] Vgl.: Breinbauer, Paul Hrsg. (2006) S. 9

Einige Unternehmen bieten die Gründung einer TOV über das Internet an, so wie man es aus Deutschland mit der Ltd.-Gründung kennt. Eine derartige Internetgründung ist z.B. unter http://www.easteurope-invest.com/order/de/dept_1.html möglich. Allerdings gibt man, je nach gewählter „Servicestufe", die Kontrolle über das eigene Unternehmen völlig aus der Hand. Außerdem ist bei der Komplexität des ukrainischen Marktes und des verworrenen Rechtssystems und Behördendschungels fragwürdig, ob eine solche Gründung ein arbeitsfähiges Unternehmen hervorbringen kann. Wie bei einigen Ltd.-Anbietern aus dem Internet, ist die Seriosität sicher auch bei einigen dieser Unternehmen fragwürdig.

Um eine Unternehmensgründung in der Ukraine schnell und problemlos abwickeln zu können, empfiehlt sich die Beauftragung einer international tätigen Rechtsanwaltsgesellschaft mit allen Formalitäten der Gründung. Diese sind mit dem Rechts- und Geschäftsgebaren sowohl in Deutschland als auch in der Ukraine vertraut und verfügen außerdem über die nötigen Erfahrungen und Kontakte vor Ort.

3.1.2 Steuerrecht

Das Gesetz über das Steuersystem der Ukraine kennt nationale, landesweit erhobene Steuern und kommunale, also von kommunalen Gebietskörperschaften erhobene Steuern.[116] Die wichtigsten der insgesamt 22 national und 16 kommunal erhobenen Steuern und Abgaben sind in Tabelle 3.2 aufgeführt.

Tabelle 3.2: Übersicht der wichtigsten Steuerarten[117]

nationale Steuern	kommunale Steuern
Gewinnsteuer	Reklamesteuer
Einkommensteuer	Gemeindeentwicklungssteuern
Mehrwertsteuer	Hotelsteuern
spezielle Verbrauchssteuern	Parkgebühren
Importabgaben (Zölle, Akzisen bzw. Luxussteuern, Einfuhrumsatzsteuer)	Gebühr für die Erteilung einer Erlaubnis zum Vertrieb von Handelswaren und Dienstleistungen
Stempelgebühren[118]	Gebühr für die Nutzung örtlicher Symbole
Grunderwerbssteuer	Gebühr für den Verkauf von Importwaren
Bodensteuer	Vergnügungssteuern
Kraftfahrzeugsteuer	Marktgebühr
Pensionsfonds-, Sozialversicherungsfonds- und Beschäftigungsfondsabgaben	
Abgabe an den Fonds zur Besicherung von Spareinlagen natürlicher Personen	
Umweltabgabe	
Lizenzgebühren für die Förderung von Erdöl, Erdgas und Gaskondensat	
Patent- und sonstige Lizenzgebühren	
Nutzungsgebühren für Rundfunkfrequenzen	

Die Steuern mit dem höchsten Aufkommen sind die Mehrwertsteuer (31,9 Mrd. UAH), die Einfuhrumsatzsteuer (30,6 Mrd. UAH) und die Gewinnsteuer (25,4 Mrd. UAH).[119] Im „Doing Business 2008" Länderranking der Weltbank belegt die Ukraine Platz 177 von 178 untersuchten Ländern.[120] Dieses schlechte Ergebnis kommt nicht so sehr durch die Steuertarife und Abgabensätze, sondern durch die zahlreichen Unklarheiten und widersprüchlichen Gesetze und Durchführungsverordnungen zustande. Deutlich wird dies auch an dem bereits erwähnten hohen Anteil der Schattenwirtschaft am BIP von 50-60 %, trotz eines niedrigen Einkommensteuersatzes von 15 %. Unstimmigkeiten gibt es vor allem bei Fragen der Abzugsfähigkeit betrieblicher Aufwendungen, sonstigen Fragen der Gewinnermittlung sowie Zuständigkeiten und Vollmachten der staatlichen Steuerverwaltung, der Steuerpolizei und den Rechten der Steuerzahler.[121]

Die wichtigsten Steuern für ausländische Investoren sind die Gewinnsteuer, die Mehrwertsteuer, die Quellensteuer, Akzisen, die Einkommensteuer, Zollgebühren[122], die Grundsteuer und Sozialabgaben[123]. Eine Gewerbe- oder Vermögensteuer kennt das ukrainische Steuerrecht nicht.

Die **Gewinnsteuer**[124] (in Deutschland Körperschaftssteuer) wird auf Gewinne juristischer Personen mit Sitz in der Ukraine und Repräsentanzen ausländischer Unternehmen erhoben. Die gesetzliche Grundlage ist das Gesetz über die Besteuerung der Unternehmensgewinne vom 28.12.1994. Seit dem 01.01.2004 beträgt der Steuersatz 25 %. Ausnahmen existieren für die Gewinne von Versicherungsunternehmen und Rückversicherern.

Als Gewinn wird die Differenz zwischen Einnahmen und Ausgaben definiert. Die steuerpflichtigen Gewinne ergeben sich aus dem berichtigten Bruttoeinkommen, abzüglich der absetzbaren Bruttoausgaben. Alle während eines Steuerjahres eingegangenen Umsätze und sonstigen Erlöse bilden das Bruttoeinkommen. Es gilt als zugeflossen, wenn die Güter geliefert bzw. die Dienstleistungen erbracht wurden oder an dem Tag, an dem die Zahlung des Kunden eingegangen ist. Entscheidend ist, welches Ereignis zuerst eintritt. Bruttoausgaben sind alle Ausgaben, die in Zusammenhang mit der Geschäftstätigkeit des Steuerpflichtigen stehen. Eine Ausgabe gilt als getätigt, wenn die Zahlung an den Lieferanten oder

---

[116] Näheres zu örtlichen Steuern und Abgaben z.B. beim Büro des Wirtschaftsberaters der Botschaft der Ukraine in der Bundesrepublik Deutschland unter www.beratung-ukraine.de
[117] Vgl. Nikolaychuk (2006) S. 41 ff.
[118] Gebühr für notarielle Beglaubigungen oder Durchführung bestimmter Rechtsgeschäfte. Die Höhe der Stempelgebühr hängt von der Art des Geschäfts ab.
[119] alle Daten zum Aufkommen der Steuerarten aus dem Jahr 2006
[120] Vgl. http://www.doingbusiness.org/ExploreEconomies/?economyid=194, Zugriffsdatum: 22.01.2008
[121] Vgl.: Meyer (2007) S. 116
[122] siehe Kapitel 3.2
[123] siehe Kapitel 3.1.3
[124] Vgl. Hypo Vereinsbank „Investitionsleitfaden Ukraine" (2005) S. 48 ff. unter www.hypovereinsbank.de/firmenkunden; Zugriffsdatum: 22.01.2008

Dienstleister erfolgt ist bzw. die Güter oder Dienstleistungen in Empfang genommen worden sind. Entscheidungskriterium ist wiederum der Zeitpunkt des Ereignisses.

Das bedeutet, dass von den Gesamteinnahmen verschiedene Steuern und Abgaben, Betriebsausgaben, Fremdkapitalzinsen, Rückstellungen und Abschreibungen abgezogen werden. Für einige Ausgabenarten existieren allerdings Höchstsätze, bis zu denen der steuerpflichtige Gewinn gemindert wird. Das sind z.B.

- Bewirtungskosten sowie Ausgaben für Präsentationen, Geschenke und Warenfreiverteilung bis zu 2 % des Steuergewinns des Vorjahres
- Beiträge des Arbeitgebers zu einer freiwilligen Lebensversicherung der Mitarbeiter bis zu 15 % der gesamten Quartallohnkosten, aber nicht mehr als 6000 UAH pro Jahr (Art. 5.6.2 UntGewG)
- Beiträge des Arbeitgebers zur freiwilligen Rentenversicherung der Mitarbeiter bis zu 15 % der Quartallohnkosten (Art. 5.8 UntGewG)
- 50 % der Aufwendungen für Fahrzeugleasing sowie Schmier- und Betriebsstoffe
- Aufwendungen für Arbeits- und Sicherheitskleidung sowie Verpflegung der Mitarbeiter bis zu den vom Ministerkabinett festgelegten Beträgen
- Reparatur- und Instandhaltungsaufwendungen bis 10 % des Buchwertes am Anfang des Veranlagungszeitraumes

Es existieren auch Abgabenarten, die nicht steuerlich absetzbar sind. Dies sind z.B.:
- Ausgaben, die nicht durch entsprechende Belege nachgewiesen werden können
- Vertragsstrafen, Ordnungsstrafen, Bußgelder
- Aufwendungen für die Bewachung des Unternehmens
- Zahlungen für einen Firmenwert
- Parkgebühren
- Aufwendungen für Schulung und Fortbildung von Mitarbeitern im Ausland und Personen, die mit dem Unternehmen verbunden sind (Aktionäre mit min. 20 % der Firmenanteile, Geschäftsführer)

- Ausgaben für Geschäftsreisen, bei denen kein Zusammenhang zwischen dem Zweck der Reise und Geschäftstätigkeit des Unternehmens erkennbar ist

Die Gewinnsteuererklärung ist vierteljährlich, spätestens 40 Kalendertage nach Ende des Quartals einzureichen. Innerhalb von 10 Kalendertagen nach dem Abgabestichtag ist die Steuer zu entrichten.

Das UntGewG wurde im März 2005 überarbeitet. Die wichtigste Änderung ist die Abschaffung der Steuervergünstigung für Investoren in den freien Wirtschaftszonen und für Unternehmen der Kfz- und Automobilzulieferindustrie.

Die **Mehrwertsteuer** wurde 1992 in der Ukraine eingeführt und es existieren die Steuersätze 20 und 0 %. Die Regelungen zur Mehrwertsteuer ergeben sich aus dem Spezialgesetz uber die Mehrwertsteuer vom 03.04.1997. [125] Mehrwertsteuerpflichtig [126] sind Unternehmen und Organisationen, die in den letzten 12 Monaten einen mehrwertsteuerpflichtigen Umsatz von mehr als 300.000 UAH hatten, Importeure von Gütern, Dienstleistungen oder Arbeit und Unternehmen, die zur Mehrwertsteuerpflicht optieren. [127] Nach Art. 3 MwStG werden folgende Geschäfte besteuert:
- Verkauf von Waren und Dienstleistungen auf dem Gebiet der Ukraine
- Einfuhr von Waren in die Ukraine und die Annahme von Dienstleistungen von Nichtresidenten für ihren Verbrauch in der Ukraine
- Ausfuhr von Waren aus der Ukraine und die Erbringung von Dienstleistungen für ihren Verbrauch außerhalb der Ukraine [128]

Außer den Geschäften, die dem Mehrwertsteuersatz von 0 % unterliegen, kennt das ukrainische Steuerrecht nach Art. 3 MwStG auch noch steuerfreie Geschäfte:
- entgeltliche Ausgabe und Verkauf von Wertpapieren und Derivaten

---

[125] Vgl. Rackwitz, Orlov et al. (2004) S. 86
[126] Vgl. HypoVereinsbank „Investitionsleitfaden Ukraine" (2005) S. 54 unter www.hypovereinsbank.de/firmenkunden; Zugriffsdatum: 22.01.2008
[127] Unternehmen, die unter der 300.000 UAH-Grenze liegen und freiwillig Mehrwertsteuer abführen
[128] für diese Geschäfte gilt der Steuersatz von 0 % nach den Art. 6.1 u. 6.2 MwStG

- Umlauf von Geldmitteln
- Vermögensüberlassung im Wege des Operatingleasings
- Versicherung, Rückversicherung und andere[129]

Jedes mehrwertsteuerzahlende Unternehmen muss sich im staatlichen Register bei der zuständigen Steuerbehörde registrieren lassen. Die Mehrwertsteuererklärungen müssen monatlich oder, bei einem Vorjahresumsatz von weniger als 300.000 UAH, vierteljährlich eingereicht werden. Bei monatlicher Abrechnung muss die Erklärung bei der Steuerbehörde 20 Kalendertage nach dem letzten Tag des Berichtszeitraums vorliegen. Bei vierteljährlicher Abrechnung beträgt die Frist 40 Kalendertage. Eine eventuell anfallende Steuerschuld muss 10 Kalendertage nach Einreichen der Erklärung beglichen werden.

Die Berechnung der Mehrwertsteuer ist in Art. 7.7 MwStG geregelt und ist eine einfache Mehrwertsteuerverrechnung, die vom Steuerzahler durchzuführen ist. Dabei wird die Differenz zwischen Ausgangs- und Eingangsmehrwertsteuer gebildet.[130] Bei einem negativen Ergebnis hat der Steuerzahler zwar rein rechtlich Anspruch auf eine Steuerrückerstattung, in der Praxis gestaltet sich das allerdings sehr schwierig. In der Ukraine sind über die Jahre Milliarden an Rückerstattungen aufgelaufen, die nicht bedient werden können. Im Jahr 2003 wurden bereits Forderungen in Obligationen umgewandelt und an die berechtigten Unternehmen ausgegeben.[131] Allerdings gibt es die Möglichkeit, eine Rückerstattungsforderung bei der nächsten Mehrwertsteuererklärung zu verrechnen.

Personen mit ständigem Wohnsitz in der Ukraine oder mit der Ukraine als Mittelpunkt ihrer persönlichen und wirtschaftlichen Bindungen müssen auf ihr Welteinkommen **Einkommensteuer** zahlen. Personen, die ihren Steuerwohnsitz außerhalb der Ukraine haben, sind mit ihrem Einkommen aus ukrainischer Quelle steuerpflichtig. Die Einkommensteuer betrifft nur das Einkommen natürlicher

---

[129] Siehe Hypovereinsbank „Investitionsleitfaden Ukraine" (2005) S. 55 unter www.hypovereinsbank.de/firmenkunden; Zugriffsdatum: 22.01.2008

[130] zur Berechnung und Entstehung von Ausgangs- und Eingangsmehrwertsteuer siehe Rackwitz, Orlov et al. (2004) S. 88 f.

[131] Vgl.: Rackwitz, Orlov et al. (2004) S. 77

Personen. Die gesetzliche Grundlage bildet das Gesetz über die Steuer vom Einkommen natürlicher Personen vom 22.05.2003 Nr. 889-IV, welches das Dekret des Ministerkabinetts über die Einkommensteuer der Bürger Nr. 13-92 vom 26.12.1992 ablöste.[132] Ausländer, die bei einem ukrainischen Unternehmen nach ukrainischem Arbeitsrecht angestellt sind, müssen auch Beiträge an die Renten- und Sozialversicherung abführen. Versteuert wird Einkommen, das in Barmitteln, gleich welcher Währung, oder in natura ausgezahlt wird. Seit dem 01.01.2007 beträgt der Steuersatz nach Art. 22 EStG 15 % für Residenten und 30 %[133] für Nichtresidenten. Nichtresidenten können ganz oder teilweise von der Einkommensteuer befreit werden, wenn ein entsprechendes Doppelbesteuerungsabkommen mit dem Heimatland vorliegt. So ist nach Art. 15 des DBA zwischen Deutschland und der Ukraine eine ausschließliche Besteuerung der ukrainischen Einkünfte aus nichtselbstständiger Arbeit in Deutschland möglich, wenn sich der ausländische Bürger weniger als 183 Tage pro Kalenderjahr in der Ukraine aufhält[134] und die Vergütung in Deutschland gezahlt wird.[135]

Zu dem zu versteuernden Einkommen gehören nach Art. 9 u. 11-15 EstG-UA 17 Einkunftsarten. Das sind z.B.:
- Löhne, Prämien, Schenkungen
- Urlaubsgeld, Barauszahlung für nicht genommenen Urlaub
- Wert der Güter, die dem Beschäftigten als Naturallohn überlassen werden
- Privatnutzung des Firmenfahrzeugs
- Erträge aus Kapitalanlagen, Dividenden[136]

Folgende Einkommensarten sind steuerfrei:
- Einkommen aus Investitionen in Wertpapiere, die vom Finanzministerium aufgelegt wurden und Preisgelder der staatlichen Lotterie

---

[132] Vgl. Nikolaychuk (2006) S. 44
[133] Für Zinsen, Dividenden, Tantiemen und Gehälter von einem ukrainischen Arbeitgeber sind nicht 30 % abzuführen. Hier gilt der normale Steuersatz von 15 %.
[134] Ansonsten ist er automatisch ein Resident.
[135] Das DBA Deutschland/Ukraine enthält entsprechende Regelungen für Ukrainer, die Vergütungen in Deutschland beziehen.
[136] Dividenden unterliegen einer Doppelbesteuerung, da vom gesamten steuerpflichtigen Gewinn 25 % Gewinnsteuer zu zahlen sind und dann auf die Dividenden noch einmal Einkommensteuer.

- Die Ausgabe von Aktien, die aufgrund einer Kapitalerhöhung aus einbehaltenen Gewinnen erfolgt. Voraussetzung ist, dass die Kapitalanteile der Aktionäre unverändert bleiben
- Zahlungen des Arbeitgebers für langfristige Lebensversicherungen, nichtstaatliche Arbeitnehmerrentenversicherungen [137], medizinische Leistungen oder Betreuung, Zahlungen an Bildungseinrichtungen für die Schulung von Mitarbeitern[138]
- Alimente von Deviseninländern
- Zinseinkommen aus Spareinlagen bei Banken und anderen Finanzinstitutionen sowie aus Sparbriefen[139]
- Erlöse aus dem Verkauf von Autos, Segel- und Motoryachten und ähnlichen Vermögensgegenständen, sofern die Stempelgebühr entrichtet wurde

Die Einkommensteuer wird durch den Arbeitgeber vom Lohn einbehalten. Jedes Unternehmen ist verpflichtet einen Bericht über angerechnete und ausgezahlte Gehälter jedes Mitarbeiters zu führen und diesen auf einem speziellen Formblatt am Ende des Jahres an die Steuerbehörden zu senden. Das Unternehmen muss die Steuer an dem Tag entrichten, an dem das Gehalt überwiesen oder das Geld zwecks Barauszahlung von der Bank geholt wird.

Bei Überschreitung der in diesem Kapitel genannten Fristen zur Abgabe der verschiedenen Erklärungen ist eine Strafe in Höhe von 10 Steuerfreiminima pro Nichteinreichung oder Verzögerung zu zahlen. Sind Formvorschriften verletzt oder Buchführungsregeln missachtet worden, so beträgt die Strafe 8 bis 15 Steuerfreiminima unabhängig davon, ob der Verstoß zu Gunsten oder zu Ungunsten des Fiskus geschah. Entscheidend ist der Regelverstoß an sich. Wird die fällige Steuer zu spät eingezahlt, sind Bußgelder nach bestimmten Verzögerungsstufen fällig. Bei bis zu 30 Tagen Verspätung sind das 10 % der Steuer, von 31 bis zu 90 Tagen 20 % und bei mehr als 90 Tagen 50 % der Steuer.

---

[137] Bis zu 15 % des Monatslohns, aber maximal das 1,4- fache des monatlichen Existenzminimums, das seit 01.10.2006 bei 472 UAH liegt. Vgl.: Kudert (2006) und Meyer (2007)
[138] bis zur Höhe des 1,4- fachen monatlichen Existenzminimums pro Schulungsmonat
[139] Diese Steuerbefreiung gilt nur bis zum 31.12.2009

Außerdem sind Verzugszinsen in Höhe von 120 % auf den Refinanzierungssatz der Nationalbank der Ukraine pro Verspätungstag zu zahlen.[140]

Unternehmen mit Sitz in der Ukraine oder Vertretungen eines ausländischen Unternehmens in der Ukraine, die Zahlungen aus ukrainischen Einkommensquellen an ein ausländisches Unternehmen oder dessen Bevollmächtigten leisten, müssen auf diese Zahlungen eine **Quellensteuer** von 15 % zahlen. Diese Steuer ist mit Auszahlung des Einkommens abzuführen. Ausnahmen existieren, soweit ein Doppelbesteuerungsabkommen mit dem entsprechenden Land besteht. Der 15-%igen Quellensteuer unterliegen z.B.:

- Zinsen, Dividenden und Lizenzabgaben
- Zahlungen für ingenieurtechnische Leistungen
- Einkommen aus Miet- und Pachteinnahmen
- Einkommen aus der Veräußerung von Immobilien in der Ukraine
- Gewinn aus dem Wertpapierhandel oder der Veräußerung von anderen Firmenanteilen
- Einkommen aus einem in der Ukraine nicht als juristische Person eingetragenen Gemeinschaftsunternehmen
- Einkommen aus langfristigen Verträgen
- Makler- und Vermittlungsgebühren usw.

Für bestimmte Einkommensarten gelten andere Steuersätze. So z.B. für:
- Gewinne, die Devisenausländer mit nichtverzinslichen Obligationen und Schuldverschreibungen machen, in Höhe von 25 %
- Einkommen aus dem Frachtverkehr, das von einem Deviseninländer an einen Devisenausländer gezahlt wird, in Höhe von 6 %
- Einkommen für Werbedienstleistungen, die in der Ukraine erbracht werden, in Höhe von 20 %

---

[140] Vgl.: Kurzpublikation „Buchführung und Steuern" der Ukraine Consulting (2007) www.russia-consulting.eu/Publication/UC_Buchfuehrung_und_Steuern_in_der_Ukraine.pdf; Zugriffsdatum: 14.01.2008

Bei Vorliegen eines **Doppelbesteuerungsabkommens** kann die ukrainische Quellensteuer reduziert oder ganz vermieden werden. Das Abkommen zur Vermeidung der Doppelbesteuerung auf dem Gebiet der Steuern vom Einkommen und vom Vermögen zwischen Deutschland und der Ukraine wurde am 03.07.1995 unterzeichnet und trat am 03.10.1996 in Kraft. (BStBl 1996 I S. 675, BGBl. 1996 II S. 498, Jahr: 1996) Dieses DBA entspricht im Wesentlichen dem OECD-Musterabkommen.[141] Nach diesem Abkommen können Dividenden aus der Ukraine sowohl in Deutschland als auch in der Ukraine besteuert werden. Für die Besteuerung in der Ukraine gelten nach diesem Abkommen allerdings Höchstgrenzen. So werden Dividenden aus der Ukraine an eine deutsche Gesellschaft mit eigener Rechtspersönlichkeit, die mindestens 20 % der Anteile am ausschüttenden Unternehmen hält, mit lediglich 5 % besteuert.[142] In allen anderen Fällen gilt ein Steuersatz von 10 %. Bei Zinsen gibt es z.B. die Höchstgrenze von 2 % des Bruttobetrages der Zinsen beim Verkauf von gewerblichen, kaufmännischen oder wissenschaftlichen Ausrüstungen auf Kredit, beim Verkauf von Waren auf Kredit oder der Erbringung von Dienstleistungen auf Kredit von einem Unternehmen an ein anderes oder für ein von einer Bank oder einem anderen Kreditinstitut gewährten Darlehen jeder Art. In allen anderen Fällen gelten 5 % auf den Bruttobetrag der Zinsen.[143]

Akzisen, im deutschen auch unter dem Begriff Verbrauchsteuern bekannt, werden in der Ukraine auf Äthylalkohol und alkoholhaltige Erzeugnisse, Bier, Tabakwaren, Erdölprodukte und Kraftfahrzeuge erhoben. Die rechtliche Grundlage bildet das Regierungsdekret über die Akzise vom 26.12.1992. Die Höhe der Akzisesätze ergibt sich aus dem Gesetz über Akzisesätze und Einfuhrzölle für einige Warengruppen vom 11.07.1996, dem Gesetz über Akzisesätze für Äthylalkohol und alkoholhaltige Erzeugnisse vom 07.05.1996 oder dem Gesetz über Akzisesätze und Einfuhrzölle für bestimmte Transportmittel vom 24.05.1996. Mit dem WTO-Beitritt der Ukraine haben sich

---

[141] Vgl.: Groß-Bölting (2004) S. 64-91
[142] Vgl.: Art. 10 Abs. 2 DBA
[143] weiterführende Informationen zum DBA Dt.-UA unter www.bundesfinanzministerium.de

bei den Akzisen einige neue Regelungen ergeben, die demnächst umgesetzt werden.[144]

Die **Bodenabgabe** (im deutschen Grundsteuer) ist von Grundstückseigentümern für die Nutzung der Grundstücke zu zahlen. Die rechtliche Grundlage bildet das Gesetz über die Bodensteuer vom 03.07.1992. Die Höhe wird aus dem jährlich gesetzlich festgelegten Satz pro Grundstückseinheit ermittelt. Der Steuersatz hängt davon ab, ob eine Wertschätzung des Bodens stattgefunden hat.[145]

Grundsätzlich ist bei der Anfertigung der Steuerunterlagen sehr sorgfältig und genau zu arbeiten. Im Gegensatz zu Deutschland finden in der Ukraine viel häufiger Kontrollen der Steuerbehörden im Unternehmen statt. Fünf bis sechs Kontrollen im Jahr sind keine Seltenheit.

Für bestimmte Unternehmen existiert ein vereinfachtes Besteuerungssystem, das mit dem Präsidialerlass Nr.746/99 vom 28.06.1999 eingeführt wurde. Es gilt für natürliche Personen, die einer unternehmerischen Tätigkeit nachgehen bei Erfüllung folgender Kriterien:
- jährliche Erlöse unter 500.000 UAH
- einschließlich mitarbeitender Familienmitglieder werden nicht mehr als 10 Mitarbeiter beschäftigt

In diesem Fall entscheidet die lokale Steuerbehörde über die Höhe der Einheitssteuer, die je nach Tätigkeit zwischen 20 und 200 UAH pro Monat liegt. Wenn Angestellte beschäftigt werden, erhöht sich die Abgabe um 50 % pro Mitarbeiter.

Für juristische Personen außer Banken und Versicherungen gelten folgende Kriterien:
- jährliche Erlöse nicht über 1 Mio. UAH

---

[144] näheres in Kapitel 2.2
[145] Tabelle zur Bodenbesteuerung im Anhang. Ausführliche Informationen zum Erwerb von Immobilien finden sich in Oleksiy, Ries (2007)

- andere Unternehmen sind am Stammkapital mit nicht mehr als 25 % beteiligt[146]
- nicht mehr als 50 Mitarbeiter im Durchschnitt

Sind diese Kriterien erfüllt, besteht ein Wahlrecht, welche der zwei möglichen Formen der vereinfachten Besteuerung angewandt werden soll. Die erste Möglichkeit beinhaltet eine Einheitssteuer von 6 % ohne Akzisen, wobei die Mehrwertsteuer wie auch sonst abgerechnet und gezahlt werden muss. Die zweite Möglichkeit ist eine Einheitssteuer von 10 % ohne Akzisen. In diesem Fall wird die Mehrwertsteuer nicht getrennt ausgewiesen und ein Vorsteuerabzug ist nicht möglich. Bei der vereinfachten Besteuerung gelten die gleichen Fristen wie bei der normalen Besteuerung, zusätzlich ist ein von der Bank abgestempeltes Dokument nötig, das die Überweisung der Einheitssteuer bestätigt.[147]

Zusammenfassend lässt sich sagen, dass das Steuersystem der Ukraine sehr komplex und die Handhabung der Steuererhebung sehr aufwändig ist. Dennoch funktioniert das Steuersystem, Probleme gibt es nur bei der einheitlichen Anwendung der Steuergesetze durch die Behörden und bei der Durchsetzung von Rechtsansprüchen.[148]

---

[146] aus diesem Grund kommt für ausländische Unternehmen die vereinfachte Besteuerung meist nicht in Frage.
[147] Vgl.: Kurzpublikation der Ukraine Consulting (2007) unter www.russia-consulting.eu/Publication/UC_Buchfuehrung_und_Steuern_in_der_Ukraine.pdf; Zugriffsdatum: 14.01.2008
[148] Sehr ausführliche und aktuelle Darstellung der steuerlichen Aspekte eines Investments in der Ukraine bei Nikolaychuk (2006) und Grabau, Hundt, Busse (2007)

3.1.3 Arbeitsrecht

Die gesetzliche Grundlage für Arbeitsverhältnisse bilden die Verfassung der Ukraine mit den Artikeln 36 bis 46[149] und das Arbeitsgesetzbuch der Ukraine, basierend auf dem Arbeitskodex der UkrSSR vom 10.12.1971 (KZpP), ergänzt durch die Gesetze über Urlaub, die Bezahlung der Arbeit, Kollektivverträge und Kollektivvereinbarungen sowie über Gewerkschaften, ihre Rechte und Tätigkeitsgarantien. Gewerkschaften sind laut Artikel 36 Satz 3 der Verfassung der Ukraine zwar erlaubt, doch gibt es sowohl im Gesetz über die Gewerkschaften von 1999 [150] als auch im täglichen Arbeitsleben viele Hindernisse und Repressalien. So ist z.B. eine Gewerkschaft nur dann offiziell anerkannt, wenn sie staatlich registriert ist.

Ausländer benötigen für eine Beschäftigung in der Ukraine eine Arbeitserlaubnis, die von der staatlichen Arbeitsbeschaffungsstelle (Ministerium für Arbeit und Sozialpolitik) für jeweils ein Jahr ausgestellt wird. Mitarbeiter, die bereits bei der Registrierung des Unternehmens angemeldet wurden, benötigen keine gesonderte Arbeitserlaubnis. In diesem Fall gilt die Registrierungskarte des Unternehmens als Arbeitserlaubnis mit einer Gültigkeit von drei Jahren.[151] Das Gesetz über die Rechtsstellung von Ausländern vom 04.02.1994 regelt, dass Ausländer mit einer ständigen Aufenthaltserlaubnis oder Flüchtlingsstatus keine Arbeitserlaubnis benötigen, solange es sich um nichtselbstständige Arbeit handelt. Folgende Unterlagen sind für den Erhalt einer Arbeitserlaubnis einzureichen[152]:

- Antrag auf Erteilung der Arbeitserlaubnis
- Begründung der Notwendigkeit, einen Ausländer einzustellen (im Prinzip eine kurze Darstellung darüber, warum diese Tätigkeit nicht von einem Ukrainer ausgeführt werden kann)

---

[149] Vgl.: Arnold, Mykiewych, Motyl, Hussner (2005) S. 10 ff.
[150] 2003 nachgebessert, da zahlreiche Bestimmungen nicht mit der UNO-Konvention Nr. 87 und den ILO-Normen vereinbar waren.
[151] Vgl.: bfai-Artikel „Verfahren zur Gründung von Niederlassungen" unter www.bfai.de; Zugriffsdatum: 24.10.2007
[152] Nachzulesen auf der Internetseite des Arbeitsamtes Kiew unter http://www.dcz.gov.ua/ kie/control/uk/publish/article?art_id=4285134&cat_id=367861, Zugriffsdatum 28.01.2008

- beglaubigte Kopien der Satzung und der Bescheinigung über die Registrierung des Arbeitgebers als Wirtschaftssubjekt
- Angaben über Namen, Geburtsdatum, Passnummer, Beruf und Geschlecht des ausländischen Arbeitnehmers
- Entwurf des Arbeitsvertrages
- Vollmachtsurkunde für die Vertretung bei der Arbeitsbeschaffungsstelle
- Kopien der Unterlagen über Ausbildung und Qualifikation des ausländischen Arbeitnehmers
- Steuerbescheinigung
- Bestätigung über die Bezahlung der Bearbeitungsgebühr von 10 Steuerfreiminima

Arbeitsverträge sind in der Ukraine grundsätzlich unbefristet. Eine Befristung von Arbeitsverträgen ist nur gestattet, wenn es sich um Saisonarbeit handelt oder um eine Vertretung für einen zeitweise abwesenden Mitarbeiter sowie bei Arbeitskontrakten [153]. Wenn keine der Vertragsparteien den befristeten Arbeitsvertrag kündigt oder der Arbeitnehmer seine Tätigkeit nach Ablauf der Vertragsdauer fortsetzt, gilt das Arbeitsverhältnis als unbefristet.

Die Probezeit kann in der Ukraine bei Angestellten bis zu drei Monaten betragen, mit Zustimmung der Gewerkschaft auch bis zu sechs Monaten.[154] Für Arbeiter gilt eine Probezeit von einem Monat. In dieser Zeit kann dem Arbeitnehmer aufgrund mangelnder Qualifikation gekündigt werden. Wird das Arbeitsverhältnis über die Probezeit hinaus fortgesetzt, ist diese bestanden und eine Kündigung nur noch nach den allgemeinen Vorschriften möglich.[155] Für bestimmte Personengruppen ist eine Probezeit nicht zulässig. Das sind im Einzelnen:

- Personen unter 18 Jahren
- junge Leute nach Abschluss der professionellen Schulungs- und erzieherischen Institutionen

---

[153] Unterform des Arbeitsvertrages mit einigen vom Gesetz abweichenden Regelungen zu Vertragsdauer, Rechten und Pflichten sowie Haftung der Parteien, Versorgung des Arbeitnehmers und sonstigen Bedingungen des Vertrages. Art. 21 Satz 3 KZpP
[154] Vgl.: Breidenbach (2007) Band 4 Länderteil Ukraine S. 41
[155] Vgl. Art. 27 KZpP

- junge Spezialisten nach Abschluss der höchsten Bildungseinrichtungen
- Behinderte, denen eine Arbeitsaufnahme empfohlen wurde
- Personen, die in ein anderes Unternehmen oder eine andere Organisation versetzt worden sind

Die Regelarbeitszeit beträgt in der Ukraine 40 Stunden pro Woche.

3.1.4 Rechnungslegung

Das Gesetz über die Rechnungslegung ist seit 01.01.2000 in Kraft und bestimmt die nationalen Regeln der Rechnungslegung. Diese stimmen formell mit den meisten internationalen Rechnungslegungsstandards überein, allerdings fehlen eine einheitliche Auslegungspraxis sowie Regelungen zu zulässigen Alternativverfahren und Offenlegungspflichten.[156]

In der Ukraine sind alle Unternehmen, so z.B. auch Vertretungen ausländischer Gesellschaften ohne kommerzielle Tätigkeit, zur Buchführung verpflichtet. In der ukrainischen Rechnungslegungspraxis dominieren formale Anforderungen die wirtschaftlichen Tatbestände und sie ist durch steuerliche Vorschriften[157] geprägt. Die Buchführung erfolgt mittels gesetzlich vorgeschriebener Formblätter oder in Ermangelung dieser durch selbst entworfene Dokumente, die durch eine betriebsinterne Anordnung wirksam werden. Das Unternehmen kann den Kontenplan nicht frei, nach seinen wirtschaftlichen Anforderungen wählen, sondern bekommt ihn durch staatliche Verordnung fest vorgeschrieben. Die *Ukraine Consulting* schätzt, dass bei einem gegebenen Geschäftvolumen in der Ukraine die doppelte Anzahl an Buchungen vorzunehmen ist, wie in westlichen Ländern und ein Vielfaches an Dokumenten gesammelt und erstellt werden muss.[158]

Der staatlich vorgegebene Standardkontenrahmen, bestehend aus 10 Klassen, wurde im Jahr 2000 vom Finanzministerium der Ukraine eingeführt. Während sich die Anwendung der Klassen 8 und 9 nach der Größe und Art des Unternehmens richtet, sind die Klassen 0 bis 7 von allen Unternehmen anzuwenden.[159]

---

[156] Vgl.: Coface Austria, Coface Central Europe "Country Report Ukraine" (2007) S. 11 unter www.ihk-regensburg.de; Zugriffsdatum: 14.01.2008
[157] Die starke steuerliche Prägung der Buchhaltung ist ein Erbe der Sowjetzeit, in dem Unternehmensabschlüsse ausschließlich für staatliche Institutionen bestimmt waren.
[158] Vgl.: Kurzpublikation der Ukraine Consulting (2007) unter www.russia-consulting.eu/Publication/UC_Buchfuehrung_und_Steuern_in_der_Ukraine.pdf; Zugriffsdatum: 14.01.2008
[159] Vgl.: Grabau, Hundt, Busse (2007) S. 173

Durch den Beschluss Nr. 122/2 der Wirtschaftsprüferkammer der Ukraine vom 18.04.2003 gelten in der Ukraine seit 2004 internationale Abschlussprüfungsstandards. Außer für Unternehmen mit einem jährlichen Umsatz unter dem 250-fachen Steuerfreiminima, ist eine jährliche Überprüfung des Jahresabschlusses vorgesehen.[160] Der Jahresabschluss besteht zwingend aus:

- Bilanz
- Jahresabschluss
- Kapitalflussrechnung
- Eigenkapitalrechnung und
- Anhang, bestehend aus Informationen zu
    o Immaterielles und Sachanlagevermögen
    o Finanzanlagen
    o Forderungen
    o Verbindlichkeiten
    o Rückstellungen und
    o Finanzen des Unternehmens

Unabhängig von einer Überprüfung sind Abschlüsse in vereinfachter Form quartalsweise zu erstellen, der Abschluss für das 4. Quartal ausführlich, in Form eines Jahresabschlusses.

---

[160] Vgl.: Grabau, Hundt, Busse (2007) S. 173

Grundlage für die Berechnung der vierteljährlichen Abschreibung ist die degressive Abschreibungsmethode. Dabei kommen folgende vierteljährliche Sätze zur Anwendung.

Tabelle 3.3: Abschreibungssätze[161]

Aktivposten	Vermögen, das vor dem 01.01.2004 erworben wurde	Vermögen, das nach dem 31.12.2003 erworben wurde
Gruppe 1 (Gebäude, Bauten, Geschäftsräume)	1,25%	2%
Gruppe 2 (Fahrzeuge, Möbel, Büroausstattung, Haushaltsgeräte, optische, elektronische und elektrische Geräte)	6,25%	10%
Gruppe 3 (alle anderen Vermögensgegenstände)	3,75%	6%
Gruppe 4 (Computer, Geräte für die automatische Datenverarbeitung, Software, Scanner, Drucker und andere Informations- und Kommunikationssysteme)	bei Erwerb vor dem 01.01.2003 gehören diese Vermögensgegenstände zu **Gruppe 2**	bei Erwerb nach dem 01.01.2003 15%

Immaterielle Wirtschaftsgüter können linear über die gesamte Nutzungsdauer, die maximal 10 Jahre betragen darf, abgeschrieben werden.

Wie auch bei anderen für staatliche Organe bestimmten Dokumenten, sind beim Jahresabschluss alle Dokumente in ukrainischer Sprache und Währung zu erstellen. Die Prüfung erfolgt durch qualifizierte offizielle Abschlussprüfer. Das sind nach dem Gesetz der Ukraine über die Wirtschaftsprüfertätigkeit entweder entsprechend qualifizierte Einzelpersonen oder Gesellschaften, deren Kapital zu mindestens 70 % von registrierten Abschlussprüfern gehalten wird.[162]

Die oft undurchsichtigen und widersprüchlichen Regelungen, die zum Teil ein Erbe der Sowjetzeit sind, stellen besonders ausländische Unternehmen vor große Schwierigkeiten. Die Anpassung an den Formalismus und der hohe Zeitaufwand

---

[161] entnommen aus Hypo Vereinsbank „Investitionsleitfaden Ukraine 2005" S. 50 unter www.hypovereinsbank.de/firmenkunden; Zugriffsdatum: 22.01.2008
[162] Vgl.: Grabau, Hundt, Busse (2007) S. 173

bei der Erstellung der entsprechenden Dokumente sind dabei die größten Hürden.[163]

---

[163] ausführlich zum Bilanzrecht der Ukraine und den einzelnen Klassen des ukrainischen Kontenrahmens in Grabau, Hundt, Busse (2007)

3.2 Zoll

Ein wichtiger Punkt bei der Realisierung der Geschäftsaktivitäten auf dem ukrainischen Markt ist die Lieferung von Waren aus Deutschland in die Ukraine. Über diesen letzten Schritt gilt es allerdings schon frühzeitig nachzudenken, denn sowohl bei der Vertragsausgestaltung mit dem ukrainischen Partner als auch bei der Preiskalkulation sind die Formalitäten und damit verbundenen Kosten zu bedenken.

Im Vorfeld müssen dabei folgende Fragen geklärt werden:
- Welche Lieferbedingungen sollen gelten?
- Ist die Ware zertifizierungspflichtig?
- Was ist bei den Zollformalitäten zu beachten?
- Welche Begleitpapiere und sonstigen Dokumente sind erforderlich?

Die Wahl der Incoterms[164] hat eine große Bedeutung im Außenhandel, da sie neben den Transportkosten auch die Verteilung der Transportrisiken regeln. Wird aus Deutschland direkt an einen ukrainischen Kunden geliefert, ist die Liefervereinbarung DDP z.B. sehr ungünstig, da das Risiko und die Kosten komplett beim Exporteur liegen. Wenn ein ukrainischer Handelspartner auf der Lieferung per DDP besteht, könnte das ein Zeichen für Unerfahrenheit, im schlimmsten Fall für mangelnde Seriosität sein.[165] Bei einer Lieferung per EXW hat der Exporteur die Ware lediglich auf seinem Betriebsgelände zum Abtransport bereitzustellen, um den Vertrag zu erfüllen. Alle Kosten und Risiken ab Lager trägt der Kunde. Dies ist somit die für den Exporteur günstigste Variante der Warenlieferung in die Ukraine. Die unterschiedlichen Kosten bei den verschiedenen Incoterms müssen schon bei der Preiskalkulation (Angebotserstellung) berücksichtigt werden.

---

[164] weiterführende Informationen bei den IHK's oder unter: www.icc-deutschland.de Zugriffsdatum: 19.02.2008
[165] Vgl.: bfai Merkblatt über gewerbliche Einfuhren Ukraine (2007) S. 2 unter www.bfai.de; Zugriffsdatum: 14.01.2008

Erfolgt die Warenlieferung aus Deutschland an ein verbundenes- oder Tochterunternehmen, um erst dann an ukrainische Kunden ausgeliefert zu werden, ist mangelnde Seriosität oder Verlässlichkeit kein Kriterium und die Wahl der Incoterms richtet sich danach, bei welcher Kostenstelle die mit der Lieferung in Verbindung stehenden Kosten verbucht werden sollen.

Für den Transport von Waren über die ukrainische Zollgrenze ist eine Zollgebühr zu entrichten. Rechtliche Grundlage ist das Zollgesetzbuch vom 11.07.2002 (am 01.01.2004 trat ein neues Zollgesetzbuch in Kraft). Die entsprechenden Zollsätze richten sich nach dem Gesetz über den Zolltarif der Ukraine vom 05.04.2001. Man unterscheidet Zollgebühren, die sich prozentual aus dem Zollwert[166] der Ware errechnen, Festsätze für bestimmte Arten von Waren und kombinierte Zollgebühren.[167]

Zuständig für die Zollabfertigung von Waren, Gegenständen und Vermögen mit Rückführverpflichtung sowie die Zollabfertigung bei der Lieferung in ein Zolllager und die Aufbewahrung von Zollware unter Zollkontrolle sind die Zollbehörden. Diese erheben für die Erbringung dieser Dienstleistungen eine Verzollungsgebühr.[168] Diese Gebühr ergibt sich aus dem Beschluss des Ministerkabinetts Nr. 65 vom 27.01.1997 und ist abhängig vom Zollwert der Ware.

Tabelle 3.4: Zollabfertigungsgebühren[169]

Zollwert	Verzollungsgebühr
bis 100 US$	keine
über 100 bis 1000 US$	5 US$
über 1000 US$	0,2 % vom Zollwert, aber maximal 1000 US$ je Zollerklärung

Der ukrainische Zollkodex kennt 14 verschiedene Zollverfahren. Dies sind im Einzelnen: Import, Reimport, Export, Reexport, Zolltransit, Vorübergehende Einfuhr, Vorübergehende Ausfuhr, Zolllager, Spezielle Zollfreizonen, Duty-Free Shops, Veredelung innerhalb des ukrainischen Zollgebietes, Veredelung

---

[166] Erläuterungen zur Zusammensetzung des Zollwertes folgen später in diesem Kapitel.
[167] Vgl.: Rackwitz, Orlov et al. (2004) S. 92
[168] Vgl.: Rackwitz, Orlov et al. (2004) S. 92
[169] Vgl.: Meyer (2007) S. 111

außerhalb des ukrainischen Zollgebietes, Vernichtung und Verkauf zu Gunsten des Staates.[170]

Für bestimmte Waren besteht eine Lizenzpflicht bzw. Quotenregelung. Das Ministerkabinett der Ukraine erstellt jährlich ein Verzeichnis der betroffenen Waren. Einer Lizenzpflicht unterliegen z.b. Insektizide, Fungizide, Herbizide, Papier mit Amtsstempel oder Wasserzeichen, Substanzen, die die Ozonschicht schädigen und Kupfersulfat.[171]

Zunächst erfolgt die Akkreditierung des Unternehmens bei einer Zollstelle in der Ukraine, da es für das Zollamt ansonsten kein Subjekt des Außenhandels ist.[172] Ein Unternehmen, das Waren in die Ukraine importieren möchte, muss sich in dem Bezirk bei der Zollstelle anmelden, in dem es seinen Sitz hat. Die Anmeldung bei einer anderen Zollstelle bedarf der Genehmigung der erstgenannten Zollstelle. Die neue Zollstelle muss die Übernahme der Bearbeitung dieses Unternehmens akzeptieren. Da der eigentlich zuständigen Zollstelle am Unternehmenssitz Einnahmen verloren gehen, muss für den Wechsel zu einer anderen Zollstelle ein wichtiger Grund angegeben werden. Alle Zollformalitäten müssen durch den Importeur oder durch einen staatlich zugelassenen Zollagenten im Auftrag des Unternehmens erledigt werden. Die Zollformalitäten sind mit einer Fülle von Dokumenten verbunden. Wenn Dokumente fehlen oder von den formellen Vorgaben abweichen, hat das erhebliche zeitliche Verzögerungen zur Folge.[173]

Wenn Waren in Kartons, Flaschen oder PVC verpackt sind, ist die Gebühr für die Sammlung und Wiederverwertung abzuführen. Der Importeur erstellt dazu eine Verpackungsliste, auf der die Verpackungen aufgelistet sind und die Gebühr

---

[170] Vgl.: Meyer (2007) S. 106
[171] Vgl.: Hypo Vereinsbank „Investitionsleitfaden Ukraine" (2005) S. 60 unter www.hypovereinsbank.de/firmenkunden; Zugriffsdatum: 22.01.2008
[172] Aus Informationen der Zollagentur „Strom" in Form eines Artikels von Jurij Germanovich Tumanov (Direktor)
[173] Vgl.: Hypo Vereinsbank „Investitionsleitfaden Ukraine" (2005) S. 60 unter www.hypovereinsbank.de/firmenkunden; Zugriffsdatum: 22.01.2008

berechnet wird. Die Gebühr beträgt, je nach Verpackungsart, 0,02 bis 0,23 US$ pro kg Verpackung.[174]

Auch bei der Zollabwicklung gab es in der Vergangenheit immer wieder Berichte über Korruption. Inzwischen gibt es im Zuge des Antikorruptionskampfes eine Abteilung des Zolldienstes, die ständig per Telefon oder Mail erreichbar ist und entsprechende Meldungen betreffend Übertretungen der Regeln bei der Zollabwicklung, das Verlangen von Schmiergeld, der ungesetzlichen Beschlagnahme von Devisen sowie der Fälle grober und unangemessener Behandlung von Personen während der Zollbesichtigung bearbeiten.[175] Auch bei Problemen mit Polizisten kann man sich an ein Vertrauenstelefon des Innenministeriums wenden, dessen Mitarbeiter aber nur ukrainisch und russisch sprechen.[176]

Das in diesem Fall relevante Zollverfahren ist Import.[177] Für Warenlieferungen in die Ukraine sind im Vorfeld zwei Fragen zu klären, um spätere Komplikationen zu vermeiden: Ist die Ware zertifizierungspflichtig? Welche Begleitpapiere und Abfertigungsunterlagen sind nötig?

Bei der Lieferung von Flachglas z.B. ist eine Zertifizierung nicht notwendig, da es sich bei Glas um einen Rohstoff und nicht um ein Produkt handelt. Allerdings ist es üblich, im Rahmen der Kontrollen an der ukrainischen Grenze sanitäre, veterinäre, phytosanitäre und ökologische Kontrollen durchzuführen. Auch bei Glas werden zu diesem Zweck stichprobenartig Teile der Ladung in einem Labor untersucht.

Die Ukraine zählt neben Japan und Dubai zu den wenigen Ländern, die immer noch ein Pflanzenschutzzertifikat z.B. für Holzverpackungen verlangen. Dieses

---

[174] Vgl.: Hypo Vereinsbank „Investitionsleitfaden Ukraine" (2005) S. 60 f. unter www.hypovereinsbank.de/firmenkunden; Zugriffsdatum: 22.01.2008
[175] Wichtige Telefonnummern zu Problemen mit den Zollbehörden im Anhang.
[176] Vgl.: Botschaft der Schweiz in der Ukraine unter www.eda.admin.ch/Kiew Zugriffsdatum: 04.03.2008
[177] Vorgehensweise bei den anderen Zollverfahren und weitere Informationen unter www.bfai.de oder www.zoll.de

Zertifikat garantiert, dass das verwendete Holz behandelt wurde und somit keine Pflanzenschädlinge mehr enthalten kann. Seit dem 01.01.2007 werden in Deutschland allerdings keine solchen Zertifikate mehr durch die Behörden ausgestellt.[178] In der Praxis werden seit dem eidesstattliche Erklärungen des Unternehmens, das die Verpackung hergestellt hat, verwendet. Diese Erklärung allein reicht jedoch nicht aus. Auf beiden Seiten der Verpackung muss der entsprechende Stempel sichtbar sein.

In der Verordnung des Ministerkabinetts Nr. 80 vom 01.02.2006 sind die für die Zollabwicklung nötigen Abfertigungsunterlagen aufgeführt. Dazu gehört eine zweifach erstellte Handelsrechnung, die jeweils unterschrieben und gestempelt werden muss. Sie enthält vollständige Angaben zu Käufer und Verkäufer, die mit dem Kaufvertrag übereinstimmenden eindeutigen Lieferbedingungen, eine konkrete und verständliche Warenbeschreibung, die Zolltarifnummer, das Ursprungsland, die Zahlungsbedingungen, Brutto- und Nettogewicht sowie Stück- und Gesamtpreis. Außerdem sind folgende Papiere beizufügen: Kaufvertrag, Frachtpapiere, Pack- und Ladelisten, IHK-Ursprungszeugnis, Veterinär- oder Pflanzengesundheitszeugnis des Exportlandes und das Konformitätszertifikat sowie eine Beglaubigung über die Anerkennung der ausländischen Zertifikate.[179]

Praktische Abwicklung der Zollformalitäten:
Große Speditionen haben eine CMR-Zertifizierung und können auch die Zollpapiere eigenständig erstellen. Wenn man eine große Spedition als „Hausspedition" hat, resultieren daraus einige Vorteile. Die Ladung ist bereits versichert und der Fahrer muss auch nicht mehr zur Zollstelle in Deutschland fahren, um die Zollpapiere für die so genannte Verzollung ausgestellt zu bekommen. Das gilt auch, wenn eine firmenfremde Spedition, z.B. aus der Ukraine, die Waren abholt. Der Fahrer bekommt mit der Ladung alle nötigen Dokumente für den Transport. Dazu gehört die Beglaubigung von Rechnung und

---

[178] Das Problem mit der Ausstellung verschiedenster Dokument begleitet ein Engagement in der Ukraine ständig. Für viele in der Ukraine geforderte behördliche Dokumente, existieren in Deutschland keine entsprechend zuständigen staatlichen Stellen.
[179] Vgl.: Meyer (2007) S. 107

Lieferschein durch eine Behörde[180] und das Warenursprungszeugnis, das die Herkunft der Ware dokumentiert. Das ist z.B. für die Entscheidung wichtig, ob der volle oder der ermäßigte Zollsatz anzuwenden ist.[181] An der Grenze zur Ukraine werden routinemäßig die Dokumente auf Vollständigkeit und Richtigkeit überprüft und das Fahrzeugäußere sowie die Kabine auf Drogen und andere verbotene Gegenstände untersucht. Entschließen sich die Grenzbeamten den Laderaum zu öffnen, um eine der beschriebenen Laboruntersuchungen durchzuführen, den Laderaum zu überprüfen oder die Ware mit den Papieren zu vergleichen, wird die Plombe am Lkw entfernt. Da ohne Plombe die Entzollung bei der Zollstelle in der Ukraine aber verweigert wird, erstellen die Grenzbeamten in einem solchen Fall ein Dokument, das die Öffnung bei der Grenzkontrolle bestätigt. Wichtige Dokumente, die beim Grenzübergang bearbeitet werden, sind die vorläufige Benachrichtigung, die Akzisedeklaration und die vorläufige Einfuhrdeklaration.[182] Die Bearbeitung der Akzisedeklaration beinhaltet die Vorauszahlung aller mit der Lieferung in Verbindung stehender Zollzahlungen. In der vorläufigen Benachrichtigung werden die zuständige Zollstelle, die genaue Lieferadresse und die Lieferfrist angegeben. Trifft der Lkw nicht innerhalb der genannten Frist bei der Zollstelle ein, liegt ein Verstoß gegen die Zollregeln der Ukraine vor. Das kann gerichtliche Konsequenzen für den Fahrer haben und dazu führen, dass die Ladung bis zum Abschluss des Verfahrens bei der Zollstelle bleibt.[183]

Erreicht der Fahrer die Zollstelle in der Ukraine, übernimmt der vom Unternehmen beauftragte Zollbroker die Erledigung aller weiteren Formalitäten. Nach Einreichung aller relevanten Dokumente und deren Überprüfung erhält man die Einfuhranmeldung gestempelt zurück und der Fahrer kann zum Auslieferungsort fahren. Auf dieser Einfuhranmeldung wird der Zollwert der Ware vermerkt, der sich aus dem Warenwert, den Transportkosten und allen

---

[180] Diese Beglaubigungen führt in Deutschland die zuständige IHK gegen eine Gebühr von ca. 30 Euro pro Lieferung durch.
[181] Aus Informationen der Zollagentur „Strom" in Form eines Artikels von Jurij Germanovich Tumanov (Direktor)
[182] Aus Informationen der Zollagentur „Strom" in Form eines Artikels von Jurij Germanovich Tumanov (Direktor)
[183] Aus Informationen der Zollagentur „Strom" in Form eines Artikels von Jurij Germanovich Tumanov (Direktor)

Dienstleistungskosten in Verbindung mit dem Transport zusammensetzt. Um zu überprüfen, ob dort angegebene Werte nicht zu niedrig angesetzt sind, betreiben die Zollstellen der Ukraine eine Datenbank, in der Preise und Produkte verschiedenster Produzenten gespeichert werden. Erscheint der angegebene Wert zu niedrig, korrigiert die Zollstelle diesen Wert auf der Einfuhranmeldung. Der dadurch entstandene Wert der Ladung ist maßgebend für die Ermittlung der Zollgebühren.

3.3 Logistik

Der größte Teil der Warentransporte von Deutschland in die Ukraine geschieht per Lkw. Es existiert ein breites Angebot an deutschen, polnischen und ukrainischen Speditionen, die diese Strecke bedienen. Viele deutsche Speditionen haben mittlerweile aus Kosten- und Wettbewerbsgründen ukrainische Zweigstellen oder Subunternehmer. Auch bei den ukrainischen Speditionen besteht der Fuhrpark aus neueren Lkw, die die Euro 3 Norm erfüllen und damit den gestiegenen Anforderungen im Europaverkehr genügen. Hier leistet auch der Staat eine nicht unwesentliche Unterstützung, indem er die Einfuhrzölle für neue Sattelzugmaschinen auf 5 % des Zollwertes gesenkt hat. Gebrauchte Fahrzeuge werden weiterhin mit 10 % besteuert.[184]

Weder auf der Straße noch auf der Schiene entspricht die Verkehrsinfrastruktur den europäischen Standards. Der Fuhrpark an Schienenfahrzeugen ist völlig veraltet und zu 70 % verschlissen. In diesem Bereich sind größere Investitionen geplant, ebenso wie bei der Modernisierung und dem Neubau von Fernverkehrsstraßen. Das Straßennetz der Ukraine umfasst 169.400 km und ist mit 0,28 km Straße pro km² bei weitem nicht so gut ausgebaut wie z.B. das Straßennetz Polens mit 1,15 km pro km². Die schon angesprochene zentralistische Prägung zeigt sich auch bei der Logistik. Kiew ist das Handels- und Transportzentrum, während im Rest des Landes ein Mangel an modernen Logistikzentren herrscht.

Der Preis für einen Transport in die Ukraine richtet sich nach verschiedenen Faktoren. Als Grundpreis kann man mit ca. einem Euro je gefahrenem Kilometer rechnen. Der Endpreis wird dann je nach geforderten zusätzlichen Leistungen bestimmt. Das sind z.B. zusätzliche Dienstleistungen im Zusammenhang mit der Ver- oder Entzollung oder Tätigkeiten bei der Grenzüberschreitung. Der Lieferort ist auch ein wichtiger Punkt bei der Preisgestaltung der Spediteure. Liegt der

---

[184] Vgl.: Merkblatt "Transport und Logistik Ukraine" unter www.bfai.de; Zugriffsdatum: 17.10.2007

Lieferort in einem Ballungszentrum oder großen Industrieansiedlung, sinkt der Preis, da die Spedition hier einfacher eine Ladung für die Rücktour organisieren kann. Im Moment liegt der Preis für eine Ladung von 20 t auf der Strecke Magdeburg-Donezk, je nach Spedition, bei 2.900 bis 3.100 Euro (Stand März 2008).

Wie bei allen anderen Geschäften auch, empfiehlt sich vor Beauftragung einer ukrainischen Spedition ein Besuch, um die Seriosität und Zuverlässigkeit abschätzen zu können.

Weitere Informationen zu Fragen der Logistik beim Deutschen Speditions- und Logistikverband e.V. (DSLV) unter www.dslv.spediteure.de

3.4 Korruption

Bei der Korruption steht die Ukraine im Transparency International Corruption Perceptions Index auf Platz 99 von 163 gelisteten Staaten. Der Korruptionswert liegt bei 2,8 auf einer Skala von 0 bis 10, wobei 0 totale Korruption und 10 völlige Transparenz bedeutet.[185] Präsident Kutschma, der von 1999 bis 2004 im Amt war, trug wesentlich dazu bei, dass die Wirtschaftspolitik der Ukraine an den Interessen einzelner Marktakteure ausgerichtet wurde.[186] Bekanntestes Beispiel ist zweifellos die Privatisierung des Stahlwerkes KrivojRogStal, das trotz wesentlich höherer Angebote von Mittal Steel und US Steel an ein ukrainisches Konsortium ging, dem auch der Schwiegersohn von Präsident Kutschma angehörte.[187]

Tabelle 3.5: Korruptionspreisliste unter Präsident Kutschma

Dienst	Preis
Präsident	
Erhalten eines Termins beim Präsidenten	20000 $
Präsidentenerlass	ca. 1 Mio. UAH
Parlament	
Verabschiedung einer Gesetzesänderung	1-10 Mio. $
Verabschiedung eines Gesetzes auf Bestellung	10 Mio. $
Gericht	
Grundlose Freisprechung	1000-10000 $
Milderung der Straftat	500-2000 $
Bildungssystem	
Immatrikulation an einer Universität	2000 $
Prüfung	30-300 $
Promotion	2000-3000 $

---

[185] Vgl. Transparency International Corruption Perceptions Index 2006 S.6 gefunden unter Transparency International Corruption Perceptions Index am 04.01.2008
[186] Vgl. Petroniu (2007) S. 267 f.
[187] Das Unternehmen wurde 2005 reprivatisiert und ging für 4,8 Mrd. US$ an Mittal Steel. Vgl.: Breinbauer, Paul (2006) S. 21

In seine Amtszeit fällt auch der Mord an dem regierungskritischen Journalisten Georgij Gongadse, der über Korruption in Regierungskreisen berichtet hatte.[188] Auch im Index des Investitionsschutzes belegt die Ukraine nach dem letzten Weltbankbericht Platz 142 (besonders rückständig) mit einem Ranking von 2,7 auf einer Skala von 0 (keinerlei Investitionsschutz) bis 10.[189] Die in der Tabelle aufgeführten Daten sind zwar nicht aktuell und seit der Regierungszeit von Präsident Kutschma hat sich in der Ukraine einiges in Sachen Korruptionsbekämpfung getan, aber diese Zahlen machen deutlich, dass ein Korruptionsproblem in der Ukraine existiert.[190]

Tabelle 3.6: aktuelle "Bestechungstarife"[191]

Dienst	Preis
Befreiung vom Armeedienst	600 $
Platz in der Spezialeinheit der Armee	600 $
Positive Beurteilung bei der Entlassung	50 UAH
Routineuntersuchung eines Babys durch einen Arzt	20 UAH
Routineuntersuchung eines Babys durch einen Arzt in einer Spezialklinik	30 UAH
Routineuntersuchung durch Chefarzt	50 UAH
Vollständiger Eintrag eines zu langen Familiennamens in den Pass	50 UAH
illegale Abtreibung mit Narkose	120 $
illegale Abtreibung ohne Narkose	50 $
Genehmigung für den Erwerb eines Grundstücks in der Stadtzone	50000 $

Bei einer repräsentativen Umfrage im Jahr 2006 waren 85,6 % der Befragten der Meinung, dass Korruption in der Ukraine sehr verbreitet ist. Nur 5 % waren nicht dieser Auffassung. Um ein Problem mit einem Beamten zu lösen, bieten 63,2 % der Befragten Geld oder ein Geschenk an. Für Abgeordnete, Minister und Beamte in Ministerien und Regional- und Stadträten ist es üblich, Geld, Geschenke und Gefälligkeiten zu erhalten. Dass Korruption bei Gericht verbreitet ist, denken 44 % der Bevölkerung, 50 % der Anwälte, 39 % der Staatsanwälte und 12 % der

---

[188] Es gibt allerdings auch positive Ergebnisse der Kutschma-Ära, wie z.B. die Verabschiedung der Verfassung der neuen Ukraine 1996, die gegenseitige Anerkennung der Grenzen mit Russland 1997 und die Abschaffung der Todesstrafe 1999.
[189] Vgl.: Meyer (2007) S. 33
[190] Weitere Beispiele zu Korruptionsfällen und deren Ursachen in Kozyrev (2006) S. 105 ff.
[191] Vgl. Scheer, Serdyuk (2007) S. 233

Richter. Die Verbreitung der Korruption begründeten 52 % der Befragten mit den niedrigen Gehältern der Beamten, 33 % mit der lückenhaften Gesetzgebung, 30 % mit dem fehlenden Strafrisiko und 18 % mit der Tatsache, dass Korruption in der Ukraine die Norm ist.[192] Ebenfalls im Jahr 2006 lag die Zahl der Unternehmen, für die „inoffizielle Bezahlung" ein verbreitetes Mittel ist, um Beziehungen mit Beamten zu regeln, bei 55 %. Der Anteil der Bestechungsgelder am Jahresumsatz betrug, abhängig von der Größe des Unternehmens, zwischen 3,2 und 3,8 %. Über 70 % der Unternehmen betrachten eine informelle Beziehung zu den Behörden als sehr wichtig für den Unternehmenserfolg.[193] Auf politischer Ebene wird die Arbeit durch Korruption erschwert. Die ohnehin schwach entwickelte Fraktionsdisziplin ukrainischer Abgeordneter leidet zudem weiter durch Korruption. So werden z.B. Parlamentsabgeordnete bei wichtigen Abstimmungen bestochen, um eine Mehrheit zu erhalten.[194]

Für deutsche Unternehmen empfiehlt es sich, alle Formalitäten mit ukrainischen Behörden durch die bereits erwähnten spezialisierten Agenturen oder international tätige Rechtsanwaltskanzleien erledigen zu lassen. Das Problem der Korruption in den Behörden wird somit umgangen. Des Weiteren können korruptionsbekämpfende Maßnahmen und Strategien innerhalb des Unternehmens umgesetzt werden.[195] Das ist z.B. der pönalisierende Bekämpfungsansatz, bei dem hohe Strafen drohen, wenn vorher formulierte Anti-Korruptionsleitlinien des Unternehmens verletzt werden. Zusätzlich können Mitarbeiterschulungen und ein klares Statement der Unternehmensleitung gegen Korruption eingesetzt werden. Ein weiteres Mittel ist die Erhöhung der Entdeckungswahrscheinlichkeit durch Schaffung interner Kontrollinstanzen und mobiler Kontrollgruppen sowie die

---

[192] Umfrage des Kiewer Instituts für Soziologie, unter http://www.aj.org.ua/files/7/kmic_doslid zhennya_15_06_final.doc?phpsessid=058440810fb1435c555991ab59ab730a Zugriffsdatum: 14.01.2008
[193] Daten aus Befragung der Geschäftsführer von 300 ukrainischen Industrieunternehmen durch das Kiewer Institute for Economic Research and Policy Consulting. Die Befragung erfolgte mit Hilfe eines Konjunkturtests, der vom Institut für Wirtschaftsforschung an der UNI München entwickelt wurde. Erschienen im Quarterly Enterprise Survey unter http://www.ier. Kiew.ua/English/qes_eng.cgi Zugriffsdatum: 14.01.2008
[194] Vgl.: Pleines I (2008) S. 94 f.
[195] Vgl.: http://www.isb.uzh.ch/studium/courses06-07/pdf/0397_nr._3_unternehmerische_strategien_und_massnahmen_im_umgang_mit_korruptio n.pdf; Zugriffsdatum: 25.03.2008

Beachtung einiger Punkte bei den täglichen Arbeitsprozessen, wie das Vier-Augen-Prinzip, ein Kontrollsystem bei wichtigen Teilprozessen und die Funktionentrennung, die sicherstellt, dass kein Mitarbeiter seine eigene Arbeit kontrolliert. Die genaue Dokumentation aller Prozesse leistet hier auch einen wichtigen Beitrag. Als dritte Maßnahme bieten sich Maßnahmen im Bereich Human Ressources an. Dazu zählen Mitarbeiterrotation, Überprüfung auf Korruptionsdelikte in der Vergangenheit bei Neuanstellungen und die Erstellung von besonderen Personalanforderungsprofilen für korruptionsanfällige Bereiche des Unternehmens.

3.5 Interkulturelles Management

Die voranschreitende Internationalisierung der Wirtschaft erfordert immer öfter die direkte Kommunikation und Kooperation zwischen Wirtschaftsakteuren verschiedener Kulturen. Dabei kommt es oft zu Problemen, da unterschiedliche, durch ihre Kultur geprägte Handlungs- und Deutungsvoraussetzungen[196] sowie Kommunikationsweisen eingebracht werden. Hinzu kommen sprachliche Unterschiede und verschiedene Auffassungen über Religionen und eine andere Werteorientierung. Selbst innerhalb eines Kulturkreises, eines Landes und sogar einer Branche bilden sich in verschiedenen Unternehmen verschiedene Kulturen heraus.[197] Daraus resultieren auch verschiedene Arten des Managements und als Konsequenz im täglichen Geschäftsbetrieb ein unterschiedliches Geschäftsgebaren. „Unter Bewahrung der eigenen spezifischen Kulturinhalte gilt es, sich die einer anderen anzueignen, um somit die Summe beider unternehmerischem Handeln verfügbar zu machen."[198] Um schwerwiegende Fauxpas im internationalen Business zu vermeiden, sind auch im Geschäftsverkehr mit der Ukraine einige kulturelle Unterschiede und Besonderheiten zu beachten.

Einen grundlegenden Überblick über kulturelle Unterschiede gibt z.B. Hofstede mit seinen vier Kulturdimensionen Machtdistanz, Kollektivismus vs. Individualismus, Feminität vs. Maskulinität sowie Unsicherheitsvermeidung. Die Untersuchungen Hofstedes zeigten, dass die Ausprägung der einzelnen Dimensionen in Ost- und Westeuropa genau gegenläufig sind. Das erklärt die vielen Missverständnisse im Geschäftsverkehr und macht deutlich, dass die Auseinandersetzung mit kulturellen Unterschieden unbedingt zur Vorbereitung eines Auslandsengagements gehört.

---

[196] nähere Erläuterungen und Beispiele zu Handlungs- und Deutungsvoraussetzungen, z.B. in Bolten (1995) S. 8-23
[197] Vgl.: Unternehmenskulturen in Nicklas, Müller, Kordes (2006) S. 229 ff.
[198] Berninghausen, Kuenzer (2007) S. 64

Während die Informationen über und das Interesse für die Ukraine in Deutschland eher spärlich sind, gibt es in der Ukraine ein gestiegenes Interesse an Deutschland und der deutschen Kultur, das u. a. durch die ukrainischen Medien mit ihrer Berichterstattung über Deutschland und deutsche TV-Serien hervorgerufen wird. Einen besonderen Beitrag leisten das Goethe-Institut und der DAAD sowie Einrichtungen wie das Bayerische Haus in Odessa oder das Nürnberger Haus in Charkov.[199]

Die Geschichte eines Landes prägt die kulturelle Entwicklung der Menschen ebenso. Durch ihre Vergangenheit mit vielen kleinen Staaten und Fürstentümern, entwickelten die Deutschen einen Hang zum sachbezogenen und logisch nachvollziehbaren Austausch von Informationen. Pünktlichkeit und Gründlichkeit waren für das Funktionieren der Wirtschaft in den Kleinstaaten unabdingbar. Die Einwohner der osteuropäischen Staaten, die aus dem Zarenreich und der zentralistisch regierten Sowjetunion hervorgegangen sind, haben sich hierarchiegeprägt entwickelt. Bus- und Bahnverbindungen sowie nationale Flüge gehen immer über Kiew. Ebenso kompliziert, wie der Weg der Eisenbahn, sind die hierarchisch geprägten Entscheidungsstrukturen organisiert. Der Generaldirektor ist die anerkannte Führungspersönlichkeit im Unternehmen, die ihre Entscheidungen alleine trifft. Für Absprachen, Treffen und Gespräche bedeutet das, dass man diese immer mit dem Chef abhält, der allein Entscheidungen trifft. Dieses Hierarchie- und Autoritätsbewusstsein zieht sich durch alle Bereiche des öffentlichen Lebens.[200]

Die Ukrainer sind sehr gastfreundlich, gutmütig, sparsam und gleichzeitig großzügig. So freundlich und gutmütig, dass sie nach *Scheer und Serdyuk*, im Gegensatz zu den Russen, niemals aus Panzern auf das eigene Parlament schießen könnten. Bei den sparsamen Ukrainern kommt der Werbeslogan „Wozu mehr zahlen" sehr gut an. Bei der Suche nach der eigenen Identität spielt die

---

[199] Vgl.: Scheer, Serdyuk (2007) S. 194
[200] Vgl.:Dilger Hrsg. (2003) S. 474 ff.

Abgrenzung von Russland - im Gegensatz zum weitverbreiteten deutschen Bild von Ukrainern[201] - eine große Rolle.[202]

Ein wesentlicher Unterschied zwischen Deutschen und Ukrainern liegt im Zeitverständnis. Während der Deutsche ein monochrones Zeitverständnis hat, lebt der Ukrainer in polychroner Zeit.

Tabelle 3.7: Zeitauffassungen

monochrone Zeit	polychrone Zeit
die Zeit verläuft linear	Zeit ist ein abstrakter Begriff
Aufgaben werden hintereinander erledigt, und nur eine Aufgabe zur Zeit	Aufgaben werden parallel verrichtet, also mehrere gleichzeitig
Terminkalender bestimmen die Planung	die Planung ist flexibel
es wird konzentriert gearbeitet und getagt	Ablenkungen sind möglich und werden nicht als Störung empfunden

Die wesentlichen Unterschiede sind in Tabelle 3.7 dargestellt. Daraus lassen sich für das Geschäftsleben einige Verhaltensregeln ableiten. So sollten Deutsche bei ihrer Tagesplanung berücksichtigen, dass ukrainische Geschäftspartner unter Umständen eine halbe Stunde oder noch später zu vereinbarten Terminen erscheinen. Andererseits wird von einem Deutschen Pünktlichkeit erwartet und auch eingefordert. In der gemeinsamen Arbeit z.B. in einem Projektteam sollte man sich nicht an der für Deutsche manchmal etwas konfus wirkenden Arbeitsweise der ukrainischen Partner, in der scheinbar alles durcheinander und nebeneinander erledigt wird, stören.

---

[201] In diesem Zusammenhang spielt auch das Buch des ehemaligen Präsidenten Leonid Kutschma „Die Ukraine ist nicht Russland", erschienen im Moskauer Vremja-Verlag (2003) eine bedeutende Rolle.
[202] Vgl.: Scheer, Serdyuk (2007) S. 131-134

3.5.1 Personalgewinnung

Die Einstellung, Einarbeitung, Führung und Entwicklung von ukrainischen Mitarbeitern stellt für ausländische, besonders westeuropäische Unternehmen eine große Herausforderung dar. Schon die Bewerberauswahl ist sehr schwierig, da man die Bewerbungsunterlagen nicht mit den bei deutschen Bewerbern vertrauten Kriterien auf das Potential der Bewerber hin untersuchen kann.[203] So muss man z.B. bei der Bewertung der angegebenen Fachkenntnisse mit anderen Maßstäben und mit Übertreibungen rechnen. Im Vorstellungsgespräch kann es trotz guter Sprachkenntnisse zu kulturell bedingten Interpretationsproblemen kommen.

Die Ukraine verfügt über viele qualifizierte Arbeitskräfte. Das Bildungsniveau differiert zwar stark zwischen Stadt und Land, ist aber insgesamt sehr hoch. Deutlich wird das z.b. am sehr geringen Anteil an Analphabeten in der Bevölkerung über 14 Jahre von nur 0,02 % (Der Anteil in Deutschland liegt bei 0,6 % totalen Analphabeten und 6,5-11,2 % funktionalen Analphabeten) und das bei 23-mal so hohen Bildungsausgaben je Einwohner in Deutschland. Die Ukraine gibt zwar nominal weniger für die Bildung ihrer Bürger aus als Deutschland, aber der prozentuale Anteil am Staatshaushalt ist wesentlich höher. Ukraine: 24,5 %, Deutschland: 9,05 %.[204] Studenten müssen für ihr Studium zwischen 470 und 2300 Euro jährlich bezahlen.[205] Da diese Summe oft das Jahreseinkommen der Familie übersteigt, wird ein Studium entsprechend ernst genommen. Bei der Anzahl der Studenten mit Hochschulbildung liegt die Ukraine auf Platz 16 von 115 Ländern, bei der technischen Hochschulbildung sogar auf Platz 7 von 105 Ländern.[206] Das Lohnniveau in der Ukraine ist eines der niedrigsten in Europa. Dies resultiert aus der Vollbeschäftigung und dem Fachkräftemangel in den Ballungszentren einerseits und einer Arbeitslosenrate von bis zu 12,5 % in

---

[203] Vgl.: Gulyanska (2007) S. I
[204] Alle Daten aus dem Jahr 2006. „Ukraine – Chance oder Risiko?" unter www.ebga.de/fileadmin/EBGA/Chance_Ukraine.pdf; Zugriffsdatum: 18.01.2008
[205] Vgl.: Scheer, Serdyuk (2007) S. 237
[206] Vgl.: Invest Ukraine unter www.investukraine.org; Zugriffsdatum: 24.10.2007

ländlichen Regionen andererseits. Die Ukraine ist das einzige Land der Welt, in dem mehr Frauen als Männer beschäftigt sind.[207]

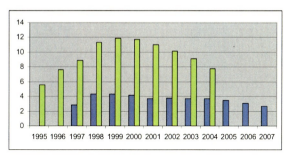

Bild 3.1: Arbeitslosenquoten in %[208]

In Bild 3.1 ist die Entwicklung der Arbeitslosenzahlen dargestellt. Dabei werden die offiziellen Zahlen der Regierung (hier in blau) von vielen Experten angezweifelt, weil sie zu niedrig sind. Zum Vergleich sind in der Tabelle auch die Zahlen der Internationalen Arbeitsorganisation ILO (hier in grün) aufgeführt. Kein Zweifel gibt es hingegen an der Tatsache, dass ein Stadt-Land-Gefälle besteht.

Es stehen generell genügend Hochschulabsolventen, Young Professionals und auch geringer qualifizierte Arbeiter zur Verfügung. Mangel herrscht jedoch bei Facharbeitern, Technikern, Ingenieuren gefragter Fachrichtungen, Vertriebs- und Marketingspezialisten, HR-Spezialisten, Finanzanalysten usw. Der Wettbewerb um diese Fachkräfte wird über den Lohn und zusätzliche Leistungen geführt. Die Mindestlöhne in der Ukraine sind in den letzten Jahren zwar immer weiter angestiegen, sie haben aber für die Lohnfindung wenig praktische Bedeutung. Der geltende Mindestlohn ist in der Ukraine der Faktor für die Bestimmung des Mindeststammkapitals bei Kapitalgesellschaften (Siehe Kapitel 3.1.1). Deshalb sollten Unternehmen die niedrigen Löhne in den öffentlich zugänglichen Statistiken nicht für ihre Kalkulation benutzen, da die reell gezahlten Löhne höher

---

[207] Vgl.: ILO unter www.ilo.org/public/english/protection/ses/info/database/ukraine.htm; Zugriffsdatum: 24.02.2008
[208] selbst erstellt; Daten der Ukraine von www.indexmundi.com/ukraine und www.unece.org Zugriffsdatum: 22.02.2008; Daten der ILO von www.econstats.com Zugriffsdatum: 25.02.2008

liegen. Der hohe Anteil der Schattenwirtschaft in der Ukraine von ca. 50 % wurde bereits angesprochen. Ungefähr um diesen Wert liegen auch die reellen Löhne höher. Dieser Teil wird schwarz in bar an die Arbeitnehmer ausgezahlt, um Steuern zu hinterziehen und Sozialversicherungsbeiträge zu sparen. Es wurde zwar ein Gesetz erlassen, dass das Fälschen von Angaben über tatsächliche Lohnzahlungen unter schärfere Strafen stellt, es ist jedoch fraglich, ob dieses Gesetz tatsächlich zu mehr Lohnehrlichkeit führt. Zu diesen 50 % Aufschlag müssen ausländische Unternehmen gerade bei gefragten Facharbeitern und Führungskräften noch Prämien, Bonuszahlungen und sonstige Vergünstigungen, wie Zuzahlung oder Übernahme bei der Kranken- oder Unfallversicherung[209] des Arbeitnehmers und dessen Familienangehörigen rechnen. Prämien betragen 50 bis 200 % eines Bruttomonatslohns[210] und werden zu Firmenjubiläen oder anderen Anlässen gezahlt. Ein 13. Monatsgehalt wird im Gegensatz zu Urlaubsgeld, welches in der Ukraine nicht üblich ist, in den meisten Unternehmen gezahlt. Die Bezahlung der Krankenversicherung ist für den Arbeitgeber aufgrund der Steuerbelastung günstiger als höhere Löhne zu zahlen.

Die Übernahme der Kosten für die Krankenversicherung der ganzen Familie des Arbeitnehmers ist ein wichtiges Instrument, um den Arbeitnehmer an das Unternehmen zu binden. Die Familie des Arbeitnehmers ist ein wichtiger Faktor, der auch bei der Personalgewinnung und Budgetplanung Beachtung finden muss, da die Familie für die Ukrainer einen sehr hohen Stellenwert besitzt. Die Mehrheit der Ukrainer (80% der Frauen und 73% der Männer) bewerteten die Familie höher als die eigene Gesundheit. In der Vergangenheit war die Ukraine ein recht junges Land mit vielen Kindern. Seit der Unabhängigkeit und dem damit verbundenen ständigen ökonomischen Überlebenskampf sind 5 bis 7 Millionen Ukrainer im gebär- und erwerbsfähigen Alter in den Westen ausgewandert, um Arbeit zu finden. Seit 1991 ist die Bevölkerung von 52 Millionen auf 46,6 Millionen geschrumpft. Die Geburtenrate ist im selben Zeitraum um über 50 % gesunken.

---

[209] Die medizinische Versorgung der Bevölkerung ist laut ukrainischer Verfassung zwar kostenfrei, aber mit dem Tagessatz von 0,8 bis 1,30 Euro, je nach Region, kann ein Arzt kaum befriedigend behandeln. Medikamente, Verbandsmaterial und selbst Operationsmaterialien müssen von der Familie gekauft und mitgebracht werden. Siehe auch Scheer, Serdyuk (2007) S. 237-240
[210] Vgl.: Meyer (2007) S. 76

Mehrere Kinder zu haben, zeugt mittlerweile von Luxus. Das ist für das kinderliebende Volk der Ukrainer ein großes Problem. Präsident Juschtschenko hat bereits ein staatliches Programm aufgelegt, das den Geburtenrückgang mit staatlichen Zuwendungen, subventionierten Krediten u.ä. aufhalten soll.[211] So bekommt eine ukrainische Familie bei der Geburt des ersten Kindes seit Anfang diesen Jahres 12.500 UAH (ca. 1.625 Euro), beim zweiten Kind 25.000 UAH (ca. 3.250 Euro) und beim dritten Kind 50.000 UAH (ca. 6.500 Euro). Noch 2007 betrug die Prämie für das erste Kind nur 8.500 UAH (ca. 1.100 Euro). Kinder, die vor Inkrafttreten dieses Gesetzes geboren wurden, gelten für die Berechnung dieser „Kinderprämie", als nicht geboren. Außerdem hat man Anspruch auf 140,- UAH (ca. 18 Euro) monatlich pro Kind bis zu dessen 18. Lebensjahr. Auch für die Wirtschaft ist die von den Vereinten Nationen prognostizierte[212] negative demographische Entwicklung ein großes Problem. Schon jetzt beträgt der Anteil der Zahlungen für das Rentensystem 14 % vom BIP.[213] Eine mögliche Lösung wäre die Heraufsetzung des Renteneintrittsalters.[214] Betrachtet man den gesundheitlichen Zustand durchschnittlicher Ukrainer in diesem Alter, scheint dieser Lösungsansatz fragwürdig.

Bei Führung und Entwicklung der Mitarbeiter sollten Kultur- und Sozialisationsunterschiede berücksichtigt werden. Die Unterschiede in Kultur und Mentalität sind in Kapitel 3.5.2 aufgeführt. Folgende Meldungen weisen auf unterschiedliche Produktivitäten in Ost- und Westeuropa hin.[215]

Arbeiter der amerikanischen Ölfirma EXXON waren 1995 zwölfmal so produktiv wie Arbeiter von Gazprom in Russland.

(St. Petersburg Times 1996)

---

[211] Vgl.: Scheer, Serdyuk (2007) S. 197-201
[212] Schätzungen der Vereinten Nationen gehen davon aus, dass die Bevölkerung der Ukraine von derzeit 46.4 Mio. auf 41,7 Mio. Menschen im Jahr 2020 schrumpfen wird.
[213] Vgl.: Schwabe, Deuber (2008) S. 4
[214] In der Ukraine beträgt das Renteneintrittsalter 55 Jahre für Frauen und 60 Jahre für Männer.
[215] diese und weitere Meldungen in Gulyanska (2007) S. 4

Osteuropäische Unternehmen benötigen 2-3 Stunden für ein „kurzes" Meeting, das z.B. in den USA nur 45 Minuten dauern würde.

(St. Petersburg Times 1996)

Zwar ist die Produktivität des einzelnen Mitarbeiters niedriger als die eines deutschen Mitarbeiters bei vergleichbarer Tätigkeit, das kann durch das wesentlich niedrigere Lohnniveau jedoch ausgeglichen werden. Die erzielbare Arbeitsrentabilität, als Leistungs-Kosten-Vergleich betrachtet, liegt wesentlich höher als in Westeuropa.

Die Defizite bei Arbeitseinstellung, Leistungsmotivation und anderen Aspekten des beruflichen Leistungsverhaltens sehen Experten als Resultat des Sozialisationsprozesses unter den Bedingungen der sozialen Planwirtschaft, in der ein Großteil der Arbeiter ihre Energie eher für die Lösung eigener Probleme einsetzte und sich nicht mit dem Arbeitgeber identifizieren konnte.[216]

Auch wenn die manchmal mangelnde Motivation der ukrainischen Mitarbeiter ein negativer Faktor ist, so wird doch von westlichen Unternehmen, die bereits Erfahrungen in der Ukraine gesammelt haben immer wieder angeführt, dass der Einsatz erfahrener, lokaler Arbeitskräfte unabdingbar ist, da sie sowohl im Umgang mit Behörden als auch mit Kunden keine Anpassungsschwierigkeiten haben.[217]

Die Personalsuche ist in der Ukraine über verschiedene Tageszeitungen, Fachzeitschriften für Personalwirtschaft und -führung, Online-Jobbörsen, regionale Internetdienste oder Personalberatungs- und Vermittlungsagenturen möglich.

---

[216] Vgl.: Gulyanska (2007) S. 1 ff.
[217] Vgl.: Breinbauer, Paul (2006) S. 48

3.5.2 Kundengewinnung

Eine besondere Rolle spielen in der Ukraine Umgangsformen und die persönliche Beziehung zum Geschäftspartner. Eher kann ein Kunde über persönliche Betreuung und guten Service gewonnen werden als nur über den Preis. Gerade am Anfang einer Geschäftsbeziehung bedeutet das, dass man mehr Zeit und Geld investieren muss. Hat sich der Geschäftspartner einmal entschieden, ist er jedoch sehr loyal und einer fruchtbaren Geschäftsbeziehung steht nichts mehr im Wege. In den in der Ukraine geführten Gesprächen kam immer wieder zum Ausdruck, dass sich Geschäftsleute oft von ihren ausländischen Geschäftspartnern vernachlässigt und mit Problemen im Stich gelassen fühlen. Der persönlichen und umfassenden Betreuung auch nach Vertragsabschluss sollte deshalb besondere Aufmerksamkeit gewidmet werden.

Des Weiteren gibt es einige, auf Unterschieden in der Mentalität und der Kultur beruhende Verhaltensregeln, die man beachten sollte, um erfolgreich auf dem ukrainischen Markt agieren zu können. Hier einige Beispiele zur in der Ukraine geltenden Businessetikette[218]:

- Der Rangniedere grüßt den Ranghöheren zuerst, unabhängig vom Geschlecht. Der Ranghöhere gibt dem Rangniederen zuerst die Hand und der Rangniedrigere wird dem Ranghöheren zuerst vorgestellt.
- Im Gegensatz zu dem kurzen „Guten Tag" im Deutschen, sind höfliche Begrüßungsfloskeln in der Ukraine angebracht. „Sehr angenehm Sie kennen zu lernen" usw.
- Bei der Begrüßung wird immer Blickkontakt gehalten
- Kommt man zu einer Runde hinzu, wartet man bis man vorgestellt wird und nimmt niemals unaufgefordert Platz.
- Bei der Verabschiedung gibt man jedem die Hand.

---

[218] Vgl.: Uhl, Vetter (2004) S. 211 ff. sowie Wirtschaftswoche 04/2008 vom 21.01.2008 S. 96 ff.

- Geschäftspartner werden mit „Sie" und dem Vornamen bzw. dem Vor- und Vatersnamen angesprochen. Deutsche sollten sich hier daran gewöhnen, dass sie mit „Sie" und dem Vornamen angesprochen werden.
- Akademische Titel werden bei der Vorstellung einer Person zwar ausdrücklich erwähnt, in der Anrede aber nicht verwendet. Im Schriftverkehr ist der Titel jedoch zu nennen.
- Visitenkarten spielen eine große Rolle und sind oft sehr aufwändig gestaltet. Sie gehören zu jedem Geschäftstermin dazu. Der Ranghöchste bekommt die Visitenkarte immer zuerst. Bekommt man eine Visitenkarte, so liest man sich diese offensichtlich und langsam durch. Niemals nach einem flüchtigen Blick in die Tasche stecken. Fremde Visitenkarten zu beschriften, gilt als völlig respektlos. Die eigene Visitenkarte sollte eine in der Landessprache beschriftete Seite haben und alle Titel sowie die Position enthalten, da der Status sehr wichtig ist. Man überreicht die Visitenkarte, nachdem man vorgestellt wurde, in der Reihenfolge des Ranges, mit der in der Landessprache bedruckten Seite nach oben. Nicht ausreichend Visitenkarten dabei zu haben, gilt als eine Beleidigung des Geschäftspartners.
- Ukrainer diskutieren gern über Politik. Im Business-Smalltalk sollte man Themen wie Politik, Religion und Geld allerdings vermeiden. Komplimente sollten nicht von Mann zu Mann und auch bei Frauen wohl überlegt und dosiert gemacht werden. Ein Lob über ukrainische Musik, große Persönlichkeiten oder die Gastfreundschaft der Ukrainer wird dagegen gern angenommen. Man sollte keine Gegenstände z.B. im Büro loben, da der Geschäftspartner sich genötigt sehen könnte, den Gegenstand zum Geschenk zu machen.
- Wie bereits erwähnt, spielen persönliche Beziehungen im Geschäftsleben eine große Rolle. Ukrainer bauen erst eine persönliche Beziehung auf, bevor sie an das Geschäft und Gewinnmöglichkeiten denken. Der persönliche Eindruck, den man hinterlässt, ist sehr wichtig für den Fortgang von Geschäftsbeziehungen. Nicht der Gedanke an das Geschäft sollte im Vordergrund stehen, sondern ehrliches Interesse am Gegenüber. Das Zurschaustellen von Erfolg und Geld macht unbeliebt.

- In Verhandlungen sind Geduld und Hartnäckigkeit gefragt. Kompromissbereitschaft kann als Schwäche ausgelegt werden.
- Ungewohnt für deutsche Geschäftsleute sind auch die Berührungen, die in Deutschland eher unüblich sind. Wenn man sich bereits besser kennt, sind Schulterklopfen und Umarmungen normal. Körperliche Berührungen zeigen das Vertrauen zueinander.
- Der Vortragsstil ist sehr theatralisch, manchmal auch aufbrausend und emotional. Wenn ein ukrainischer Geschäftspartner mit der Faust auf den Tisch schlägt und laut wird, ist das kein Grund das Gespräch abzubrechen. Abwarten und ruhig bleiben ist hier die richtige Strategie.
- Man sollte auch nicht verwundert reagieren wenn Geschäftspartner ihren Untergebenen mit einem schroffen Befehlston begegnen. Das ist im Hierarchiedenken begründet und hat nichts mit Unhöflichkeit zu tun.
- Ukrainer mögen ausgiebige Gespräche und viele Geschäfte werden, wegen der persönlichen Nähe, beim Essen abgeschlossen. Am Telefon kommt es äußerst selten zu Abschlüssen.
- Geschenke zu Geschäftsabschlüssen oder auch besonderen Feiertagen sind üblich und gern gesehen. Man sollte aber nie Geschenke von hohem materiellen Wert machen, da sich der Beschenkte dann in einer Schuld sieht. Es kommt vor allem auf die Geste an. Beliebt sind z.B. Blumen und Pralinen. Rote Rosen, sollten wegen der hohen emotionalen Bedeutung gemieden werden. Sträuße sollten immer eine ungerade Anzahl Blumen haben, gerade Zahlen werden nur bei Beerdigungen überreicht. Ebenso gelbe und weiße Blumen, die mit Trauer und Verlust assoziiert werden. Gelb hat als zusätzliche Attribute noch Trennung und Untreue, für den potentiellen Geschäftspartner also das falsche Signal. Nur bei einer Hochzeit werden der Braut weiße Blumen überreicht. Außerdem sind Kunstbücher, guter Wein oder Tee, Schokolade oder zu privaten Anlässen auch eine Torte Geschenke, die gut ankommen.

4 Zusammenfassung

Die in Kapitel 2.2 besprochene politische Lage ist zwar nicht stabil, aber selbst wenn das prorussische Lager wieder an die Macht kommen sollte, sind daraus keine negativen Konsequenzen für Investoren zu erwarten, da alle Parteien für eine wirtschaftliche Integration in Europa eintreten. Der wirtschaftliche Aufschwung mit der damit verbundenen Kaufkraftsteigerung der Bevölkerung dauert mittlerweile acht Jahre an und ist damit als nachhaltig zu betrachten. Die bürokratischen Hürden und formalen Anforderungen sind negative Faktoren, die allerdings bei guter Planung und Vorbereitung minimiert werden können.

Marktgröße, Ressourcenreichtum, wachsende Kaufkraft, stabiler Wechselkurs, niedrige Arbeitskosten bei guter Qualifikation, großer Investitions-, Sanierungs- und Modernisierungsbedarf sind Faktoren, die für ein Engagement in der Ukraine sprechen. Ebenso ist die geografische Lage als Knotenpunkt zwischen Russland und Europa sowie zwischen den anderen Ländern Osteuropas und der EU ein Vorteil. Durch den Nachholbedarf bei Konsumgütern ist eine weiterhin hohe Inlandsnachfrage zu erwarten und die Erneuerung und der Ausbau der Infrastruktur werden zusätzliche Impulse für die Wirtschaft liefern. Die Nachbarschaft zur EU, der WTO-Beitritt und die damit verbundene fortschreitende Integration in europäische Strukturen führen zu mehr Sicherheit für ausländische Investoren.

Als Risiken erweisen sich die unklare und instabile politische Machtverteilung, Verzögerungen bei den Reformvorhaben, Korruption, mafiose Clanstrukturen in Teilen der Wirtschaft, die aufgeblähte und ineffiziente Verwaltung und die mangelhafte Infrastruktur.

Der Konflikt mit Russland um die Festsetzung der Gaspreise wird weiter anhalten bis die Importpreise in der Ukraine Weltmarktniveau erreicht haben. Das ist nach den letzten Äußerungen von russischer Seite auch zu erwarten. Diese Energiepreiserhöhungen sind für die ukrainische Volkswirtschaft zwar sehr schmerzhaft, aber durch Erhöhungen steigt einerseits der Druck auf die Industrie, die bislang sehr niedrige Energieeffizienz in der Produktion zu erhöhen und andererseits steigt der Anreiz energetische Gebäudesanierungen zu forcieren, mit entsprechenden positiven Auswirkungen auf den Bausektor.

Anhangsverzeichnis

Anhang 1: Schere zwischen den Einnahmen und Ausgaben durch Gastransit und – verbrauch in Mrd. Euro VIII

Anhang 2: Internationaler Vergleich der Lohnkosten in Euro VIII

Anhang 3: Regionenvergleich nach wirtschaftlichen Aktivitäten X

Anhang 4: Bodensteuersätze bei ungeschätzten Grundstücken in Ortschaften X

Anhang 5: Bodensteuersätze bei geschätzten Grundstücken XI

Anhang 6: Immigration Card für die Einreise in die Ukraine XI

Anhang 7: Ausfüllhilfe zur Immigration Card XII

Anhang 8: Wahlergebnisse der Parlamentswahlen 2007 XII

Anhang

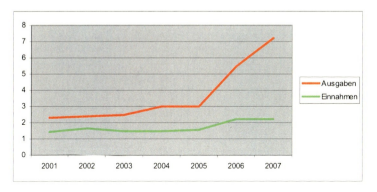

Anhang 1: Schere zwischen den Einnahmen und Ausgaben durch Gastransit und -verbrauch in Mrd. Euro[219]

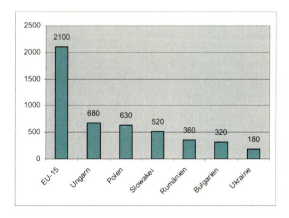

Anhang 2: Internationaler Vergleich der Lohnkosten in Euro[220]

---

[219] Pleines 2008 in UA-Analysen unter www.laenderanalysen.de
[220] Daten von: Büro des Wirtschaftsberaters der Botschaft der Ukraine in der Bundesrepublik Deutschland unter www.beratung-ukraine.de

Wappen	Bezirk	Fläche ca. in	Einwohner in Mio	Durchschnittsg ehalt in UAH	Wirtschaft
	Donezk	26517	4,5806	1225	Kohlebergbau, Schwerindustrie, Koks-, Stahlproduktion, Chemie
	Lugansk	26684	2,409	1119	Kohlebergbau, Metallurgie, Chemie, Maschinenbau
	Charkov	31415	2,829	1029	Maschinenbau, Chemie, Energieerzeugung, Baumaterial, Dienstleistungssektor
	Dnepropetrovsk	31914	3,1881	1229	Maschinenbau, Metallurgie, Raumfahrtindustrie
	Saporoschje	27180	1,861	1166	Metallurgie, Maschinenbau, Energieerzeugung, Chemie
	Cherson	28461	1,126	826	Treibstoff, Nahrungsmittel, Maschinenbau, Energieerzeugung, Metallbearbeitung
	Krim	26200	1,9943	1002	Tourismus, Gesundheit, Obst- und Gemüseanbau
	Nikolaev	24598	1,219	1007	Granit, Bergbau, Maschinenbau, Schiffbau, Energieerzeugung, Leichtindustrie
	Kirovograd	24588	1,067	865	Maschinenbau, Kohlebergbau, Energieerzeugung
	Poltawa	28748	1,554	1025	Maschinenbau, Nahrungsmittel, Transport, Leichtindustrie
	Suma	23834	1,226	913	Maschinen- u. Rohrbau, Gas, Metallbearbeitung, chemische Industrie, Energieerzeugung, Öl
	Tschernigov	31865	1,168	820	Öl, Gas, Chemie, Glassand, Maschinenbau, Holzerzeugung, Landwirtschaft, Nahrungsmittel
	Kiev Region	28131	1,763	1117	Maschinenbau, Leichtindustrie, Holz-, Papier-, Reifenerzeugung, Bergbau, Nahrungsmittel
	Tscherkassa	20900	1,341	879	Chemie, Dünger, Holzbearbeitung, Nahrungsmittel
	Odessa	33310	2,402	1061	Hafen, Transport, Tourismus, Chemie, Erdölverarbeitung
	Winniza	26513	1,701	822	Leichtindustrie, Zuckererzeugung, Granit, Landwirtschaft
	Schitomir	29900	1,33	830	Mamor, Dekorstein, Kohle, Holz, Papier, Zellulose, Schuhindustrie, Maschinenbau

Anhang

	Chmelnizki	20600	1,373	831	Maschinenbau, Metallverarbeitung, Leichtindustrie (Leder), Landwirtschaft, Nahrungsmittel
	Tschernowizka	8097	0,908	859	Textilindustrie, Holzbearbeitung, Chemie, Gummi, Plaste,
	Ivano-Frankovsk	13928	1,388	988	Chemie, Öl, Farben, Treibstoff, Energieerzeugung, Leichtindustrie, Nahrungsmittel
	Ternopol	13823	1,112	760	Tourismus, Nahrungsmittel, Spirituosen, Tabak, Beton
	Rovno	20047	1,156	907	Bernstein, Granit, Phosphate, Holz, Dünger, Beton, Landwirtschaft
	Wolynien	20143	1,04	825	Holzverarbeitung, Transport, Leichtindustrie, Fahrzeugbau, Nahrungsmittel
	Lvov	21833	2,577	953	Maschinenbau, Holzverarbeitung, Chemie, Kohlebergbau, Nahrungsmittel
	Transkarpatien	12777	1,245	884	Landwirtschaft, Wein, Holzverarbeitung, Leichtindustrie
	Kiev Stadt	839	2,679	1865	Nahrungsmittel, Flugzeugbau, Handel
	Sewastopol Stadt	864	0,378	1065	Hafen, Schiffbau, Tourismus, Fischfang und -verarbeitung

Anhang 3: Regionenvergleich nach wirtschaftlichen Aktivitäten[221]

Einwohnerzahl in Tausend	Steuersatz in Kopijka pro m²	Steigerungskoeffizient
von 0,2 bis 1,5	0,00	0
von 1 bis 3	2,70	0
von 3 bis 10	3,00	0
von 10 bis 20	4,80	0
von 20 bis 50	7,50	1,2
von 50 bis 100	9,00	1,4
von 100 bis 250	10,50	1,6
von 250 bis 500	12,00	2
von 500 bis 1000	15,00	2,5
ab 1000	21,00	3

Anhang 4: Bodensteuersätze bei ungeschätzten Grundstücken in Ortschaften[222]

---

[221] Übersicht selbst erstellt. Daten aus "Opening Ukraine – Foreign Economic Directory" (Veröffentlichung der Ukrainian League of Industrialists and Entrepreneurs) und den Internetauftritten der Regionen
[222] Daten aus OLEKSIY, F.; RIES, J. (2007) S. 59

Anhang

Art des Grundstücks	Steuersatz für 1 ha
Ackerland, Heuweiden	0,10%
Mehrjährige Anpflanzgebiete	0,03%
Grundstücke innerhalb von Ortschaften	1,00%
Grundstücke von Industrie-, Verkehrs-, Kommunikationsunternehmen und Unternehmen in anderen Bereichen	5,00%
Bahnhofsgrundstücke und solche, die den ukrainischen Streitkräften zur Verfügung gestellt wurden	0,02%
Für die zweitweilige Nutzung von Grundstücken, die dem Naturschutz oder der Erholung dienen oder einen historischkulturellen Wert haben	50,00%
Grundstücke, die zum Waldfonds gehören für die Nutzung der Wälder	wird als Teil der Abgabe gemäß der Forstgesetzgebung gezahlt
Grundstücke, die dem Wasserfonds zugehörig sind	0,30%

Anhang 5: Bodensteuersätze bei geschätzten Grundstücken[223]

Anhang 6: Immigration Card für die Einreise in die Ukraine

---

[223] Daten aus OLEKSIY, F.; RIES, J. (2007) S. 58

Nr.	Bezeichnung	deutsch	Beispiel
1	Surname	Familienname	Mustermann
2	Name	Vorname	Max
3	Citizenship	Nationalität	German
4	Date of birth	Geburtsdatum	14.02.1968
5	Sex	Geschlecht	M
6	Passport #	Reisepass-Nr.	29340009289
7	Type, Visa #, term of visa	Visaart und Nr.	nicht auszufüllen
8	Children (name, date of birth)	Kinder	/
9	Purpose of journey	Zweck der Reise	business
10	Destination name, adress	Bestimmungsort, Adresse	Donezk, Hotel Atlantik
11	Vehicle, flight	Kfz-Kennzeichen, Flug-Nr.	IL 4738
12	signature of bearer	Unterschrift des Inhabers	

Anhang 7: Ausfüllhilfe zur Immigration Card

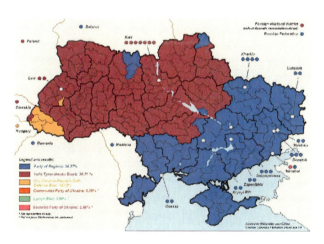

Anhang 8: Wahlergebnisse der Parlamentswahlen 2007

Literaturverzeichnis

AGAFONOV, S.(1999): Ausgewählte Beiträge zum ukrainischen Wirtschaftsrecht. Übersetzung von Bauer – Mitterlehner, I.. Wien.

ARNOLD, R. Hrsg. (2005): Die unternehmerische Freiheit in der Verfassungsrechtsprechung der Ukraine. Jean Monnet - Lehrstuhl für Europarecht. Regensburg.

ARNOLD, R.; MYKIEWYCH, M; MOTYL, V.; HUSSNER, M.(2005): Die unternehmerische Freiheit in der Verfassungsrechtsprechung der Ukraine. Jean – Monnet – Lehrstuhl für Europarecht. Regensburg.

BABANIN, O.; DUBROVSKIY, V.; IVASCHENKO, O. (2001): The lost decade...and a coming Boom. Alterpress. Kiew.

BANAIAN, K. (1999): The Ukrainian economy since Independence.Edward Elgar Publishing, Inc.. Massachusetts (USA).

BERNINGHAUSEN,J.; KUENZER,V.(2007): Wirtschaft als interkulturelle Herausforderung. IKO – Verlag für Interkulturelle Kommunikation. Frankfurt am Main.

BERNSTORFF VON, C.(1999): Wirtschaftsrecht in Osteuropa. Deutscher Sparkassen Verlag. Stuttgart.

BOLTEN, J.(1995): Cross Culture – Interkulturelles Handeln in der Wirtschaft. Verlag Wissenschaft & Praxis. Berlin.

BREIDENBACH, S.(2007): Handbuch Wirtschaft und Recht in Osteuropa. Band 4. Verlag C.H. Beck. oHG München.

DANZER, A. (2007): Subsistenzwirtschaft und Armut während der Transformation; Ursachen. Forschungsstelle Osteuropa. Bremen.

DILGER, J. Hrsg. (2003): Die Ukraine in Europa. Böhlau-Verlag. Wien.

GOLCZEWSKI, F. (1993): Geschichte der Ukraine. Vandenhoeck & Ruprecht. Göttingen.

GROSS – BÖLTING, K.(2004): Internationales Steuerrecht. Verlag Dr. Otto Schmidt. Köln.

GULYANSKA, M.(2007): Schlüsselqualifikationen bei Mitarbeitern aus Osteuropa: Training, Beratung, Integration. VDM, Müller. Saarbrücken.

HAUSMANN,G. (1993): Gegenwart und Geschichte eines neuen Staates. Nomos – Verlag - Ges.. Baden-Baden.

JEKUTSCH, U.; KRATOCHVIL, A. Hrsg. (2007): Die Ukraine zwischen Ost und West. Shaker Verlag. Aachen.

KISZCZUK, L.(1996): Das Recht der Wirtschaftsgesellschaften in der Ukraine .Universität Hamburg.

KLÜSENER, S. (2007): Die Regionen der Ukraine: Abgrenzung und Charakterisierung. Max – Planck – Institut für demographische Forschung. Rostock.

KOZYREV, I. (2006): Die Wahrheit über die orange Revolution. Books on Demand GmbH. Norderstedt.

KUDERT,S. (2006): Wirtschaftsstandort Ukraine. Deutscher Universitätsverlag. Wiesbaden.

KUKOLEVSKAJA, S.(1999): Ausgewählte Beiträge zum ukrainischen Wirtschaftsrecht. Übersetzung von Bauer - Mitterlehner, I.. Wien.

MEYER, H. (2007): Investieren in der Ukraine. Bundesagentur für Außenwirtschaft. Köln.

NICKLAS, H.; MÜLLER, B.; KORDES, H.(2006): Interkulturell denken und handeln. Campus Verlag. Frankfurt am Main.

NIKOLAYCHUK, S.(2006): Steuerliche Rechtsformwahl bei Investitionen deutscher Unternehmen in der Ukraine. Kovac – Verlag. Hamburg.

OMEL'CENKO, A.(1999): Ausgewählte Beiträge zum ukrainischen Wirtschaftsrecht. Übersetzung von Bauer – Mitterlehner, I.. Wien.

PEREDERIY, V. (2006): Insolvenzprognose. Europa – Universität Viadrina. Frankfurt (Oder)

PETRONIU, I. (2007): Privatisierung in Transformationsökonomien: Determinaten der Restrukturierung – Bereitschaft am Beispiel Polens, Rumäniens und der Ukraine. Ibidem – Verlag. Stuttgart.

PLEINES, H. I (2008): Reformblockaden in der Wirtschaftspolitik. VS Verlag für Sozialwissenschaften. Wiesbaden.

SCHEER,E.;SERDYUK,I.(2006):Kultur Schock Ukraine. Reise Know - How - Verlag Peter Rump GmbH. Bielefeld.

SCHWABE, A.; DEUBER, G. (2008): Die (globalisierte) Volkswirtschaft der Ukraine. Raiffeisenzentralbank. Wien.

SOLOTYCH, S.(1994): Gesellschaftsrecht der Ukraine. Berlin – Verlag. Berlin.

UHL, G.; VETTER, E. (2004): Business - Etikette in Europa. Betriebswirtschaftlicher Verlag Dr. Th. Gabler./GWV Fachverlage GmbH. Wiesbaden

BÖTTGER, K. (2008): Die Beziehungen der europäischen Union zur Ukraine. Forschungsstelle Osteuropa. Bremen.

BREINBAUER, A.; PAUL, M. Hrsg. (2006): Marktstudie Ukraine. University of Applied Sciences bfi. Wien

BROLL, U.; FORSTER, A. (2007): Economic data on Ukraine. Ternopil's'ka Akademija Narodnoho Hospodarstva. Ternopil.

DOMBROVSKI, V. (2007): Investitionsführer Ukraine. Arbeitsgemeinschaft Business-Inform-Ukraine. Kiew.

FISCHER, S. (2008): Die Ukraine und die ENP. Forschungsstelle Osteuropa. Bremen.

GRABAU, F.-R.; DEMSKI, A.; BECKER, R.; Investitionen in der Ukraine; WiWi - Online.de, Hamburg, Deutschland, 2007; unter www.odww.net/artikel.php?id=355; Zugriffsdatum: 28.03.2008

GRABAU, F-R.; HUNDT, I.; BUSSE, R. (2007): Ukrainisches Steuer- und Bilanzrecht. Osteuropa-Wirtschaft, 52. Jhg., 2/2007

KINACH, A.; Hrsg (2007) Otkruiwaem Ukrainu; UCPP. Kiew

Literaturverzeichnis

KLAMERT, M. (2007): Country Report für Investoren und Exporteure Ukraine. Coface Austria, Coface Central Europe. Wien. unter www.ihk-regensburg.de; Zugriffsdatum: 14.01.2008

NOVOSELETSKY, E. (1999): The Shadow Economy in Ukraine. University of Kiew-Mohyla Academy

OLEKSIY, F.; RIES, J. (2007): Immobilienrecht in der Ukraine. Beiten Burkhardt Rechtsanwaltsgesellschaft mbH. Kiew

o. V. (2007): Ausländische Direktinvestitionen. Büro des Wirtschaftsberaters der Botschaft der Ukraine. unter www.beratung-ukraine.de; Zugriffsdatum: 24.10.2007

o. V. (2005): Investitionsleitfaden Ukraine. Hypo Vereinsbank. unter www.hypovereinsbank.de/firmenkunden; Zugriffsdatum: 22.01.2008

o. V. (2007): Kurzpublikation „Buchführung und Steuern" Ukraine Consulting. unter www.russia-consulting.eu/Publication/UC_Buchfuehrung_und_Steuern_in_der_Ukraine.pdf; Zugriffsdatum: 14.01.2008

o. V. (2007): Merkblatt über gewerbliche Einfuhren Ukraine. Bundesagentur für Außenwirtschaft. unter www.bfai.de; Zugriffsdatum: 14.01.2008

o. V. (2007): Merkblatt Transport und Logistik Ukraine. Bundesagentur für Außenwirtschaft. unter www.bfai.de; Zugriffsdatum: 17.10.2007

PLEINES, H. II (2008): Der Erdgaskonflikt zwischen Russland und der Ukraine. Forschungsstelle Osteuropa. Bremen.

RACKWITZ, F.; ORLOV, M. et al. (2004): Investieren in der Ukraine. Beiten Burkhardt Rechtsanwaltsgesellschaft mbH. Kiew

SCHNAIDER, T. I. (2008): Rynok Listoho Stekla. Intercom UA.

THIESSEN, U. (2000): Zum wirtschaftspolitischen Reformfortschritt der Ukraine und zur Konditionalität der westlichen Hilfe. DIW Diskussionspapier Nr. 192. Berlin.

TUMANOV, J. G. Direktor der Zollagentur Strom (2005): Prakticheskoe Opredelenije Tamoschenoj Stojmosti.

BARISITZ, S. (1999): Ukraine: Macroeconomic Development and Economic Policy in the First Eight Years of Independence. in Focus on Transition, Jhg. 2/1999. OWC-Verlag für Außenwirtschaft GmbH. Münster.

FALKNER, J.; LEGER, K. (2007) Ost-West Contact Ukraine. Wirtschaftsmagazin für Ost-West-Kooperation. 53. Jhg. Mai/2007

o. V. (2007): Osteuropas Börsenstar. in Der Aktionär Nr. 39/07

o. V. (2007): Elfmeter für die Ukraine in Procontra Nr. 04/07

o. V. (2007): bfai-Artikel „Beendigung der politischen Blockade in der Ukraine möglich" vom 08.10.2007 unter www.bfai.de; Zugriffsdatum: 20.12.2007

o. V. (2006): bfai-Artikel „Verfahren zur Gründung von Niederlassungen" vom 23.10.2006 unter www.bfai.de; Zugriffsdatum: 24.10.2007

o. V. (2008): Wirtschaftswoche. 04/2008

www.rian.ru/business/20071231/95000017-print.html; Zugriffsdatum: 17.03.2008 www.laender-analysen.de; Zugriffsdatum: 18.10.2007

www.economist.com/countries/Ukraine/profile.cfm?folder=Profile-Economic%20Structure; Zugriffsdatum: 05.12.07

www.netzeitung.de/medien/282207.html; Zugriffsdatum : 14.01.2008

www.russlandonline.ru/kulturua/morenews.php?iditem=1; Zugriffsdatum: 06.11.2007

www.nrcu.gov.ua/index.php?id=475&listid=53675; Zugriffsdatum: 06.11.2007

www.investukraine.org; Zugriffsdatum: 24.10.2007

www.oecd.org/publications/Policybriefs; Zugriffsdatum: 17.12.2007

www.ec.europa.eu/world/enp/pdf/sec06_1505-2_de.pdf; Zugriffsdatum: 23.02.20008

www.ec.europa.eu/public_opinion/archives/ebs/ebs_285_dc.pdf; Zugriffsdatum: 18.12.2007

www.wto.org/english/news_e/pres08_e/pr511_e.htm; Zugriffsdatum: 06.03.2008

www.ebga.eu; Zugriffsdatum: 17.10.2007

www.ostconsult.de; Zugriffsdatum: 25.02.2008

www.investukraine.org; Zugriffsdatum: 24.10.2007

www.interconnectionconsulting.com; Zugriffsdatum:08.10.2007

www.bfai.de; Zugriffsdatum 18.10.2007

www.ostausschuss.de/pdfs/leseprobe_oai_2007.pdf; Zugriffsdatum: 03.12.2007

www.botschaft-ukraine.de/index.php?id=29,101,0,0,1,0; Zugriffsdatum:04.02.2008

www.beratung-ukraine.de; Zugriffsdatum: 13.01.2008

www.doingbusiness.org/ExploreEconomies/?economyid=194; Zugriffsdatum: 22.01.2008

www.bundesfinanzministerium.de; Zugriffsdatum: 14.11.2007

www.dcz.gov.ua/ kie/control/uk/publish/article?art_id=4285134&cat_id=367861; Zugriffsdatum: 28.01.2008

www.icc-deutschland.de; Zugriffsdatum: 19.02.2008

www.eda.admin.ch/Kiew; Zugriffsdatum: 04.03.2008

www.zoll.de; Zugriffsdatum: 15.02.2008

www.aj.org.ua/files/7/kmic_doslid zhennya_15_06_final.doc?phpsessid=058440810fb1435c555991ab59ab730a; Zugriffsdatum: 14.01.2008

www.ier. Kiew.ua/English/qes_eng.cgi; Zugriffsdatum: 14.01.2008

www.ebga.de/fileadmin/EBGA/Chance_Ukraine.pdf; Zugriffsdatum: 18.01.2008

www.ilo.org/public/english/protection/ses/info/database/ukraine.htm; Zugriffsdatum: 24.02.2008 www.indexmundi.com/ukraine; Zugriffsdatum: 22.02.2008

www.unece.org; Zugriffsdatum: 22.02.2008

www.econstats.com; Zugriffsdatum: 25.02.2008

www.bblaw.de; Zugriffsdatum: 05.11.2007

www.transperency.org; Zugriffsdatum: 04.01.2008

www.isb.uzh.ch; Zugriffsdatum: 25.03.2008